教育部人文社会科学研究规划基金项目"学院文化生成、动变及塑造研究——以生态学为主的多学科探察"（15YJA880069）

教育部人文社会科学研究青年基金项目"大学发展机理的多学科探究：理论解释及实证分析"（10YJC880122）

学院文化元问题

王连森　著

中国海洋大学出版社

·青岛·

图书在版编目(CIP)数据

学院文化元问题 / 王连森著. 一青岛:中国海洋
大学出版社，2021.11
ISBN 978-7-5670-2491-5

Ⅰ.①学… Ⅱ.①王… Ⅲ.①高等学校一校园文化一
研究 Ⅳ.①G647

中国版本图书馆 CIP 数据核字(2020)第 070789 号

出版发行	中国海洋大学出版社			
社　　址	青岛市香港东路 23 号		邮政编码	266071
出 版 人	杨立敏			
网　　址	http://pub.ouc.edu.cn			
电子信箱	appletjp@163.com			
订购电话	0532-82032573(传真)			
责任编辑	滕俊平		电　　话	0532-85902342
印　　制	青岛国彩印刷股份有限公司			
版　　次	2021 年 11 月第 1 版			
印　　次	2021 年 11 月第 1 次印刷			
成品尺寸	170 mm×230 mm			
印　　张	11.75			
字　　数	201 千			
印　　数	1～5000			
定　　价	69.00 元			

发现印装质量问题,请致电 0532-58700166,由印刷厂负责调换。

目　录

第一章

绪　论

　　"无论是远古的人，还是今日之人，都在文化之中，都创造着文化，并生活在文化中。人即文化，文化即人，人乃文化之动物。"①

---

① 　张楚廷. 人论[M]. 重庆：西南师范大学出版社，2015：51.

一、文献综述①

20世纪70年代以后,一波又一波以"组织文化"("企业文化")、"校园文化""大学文化"为主题的文化研究热潮接踵而来。它们随同80年代中期高校办学自主权开始扩大,特别是90年代高校合并、扩招以来我国高等教育实践中"学院制"的不断改革和校、院两级管理体制的逐步推行,在新世纪的端口催生了人们对高校"院系文化"(此处乃统称,包括"学院文化""系文化""系部文化"等)的关注和兴趣。

十几年间,不仅有很多学院(系、部等)有意识、有目的、有计划、有组织地开展了本单位的文化创建活动,更有高校管理人员、教师乃至学生组织开展了院系文化的理论与实践研究,这集中反映在一批已经发表、公布的研究成果上。

(一)研究概况

1. 研究成果

2015年2月初,笔者以"学院文化""院系文化""系文化""系部文化"为"题名或关键词",在"1989—2014年",从中文科技期刊数据库(维普)与数字化期刊全文数据库(万方)的"全部期刊"中,检索到实际切题的期刊论文76篇(其中"学院文化"37篇);从数字化期刊全文数据库(万方)中检索到相关学位论文4篇(其中"学院文化"3篇)。2015年3月17日,笔者又以"学院文化""院系文化"为篇名在中国知网(CNKI)中国学术文献总库补查到期刊论文9篇、报纸论文1篇。1989—2014年,院系文化研究成果共计90篇(年度分布详见表1)。

表1　院系文化研究成果数量分布　　　　　　　　　(单位:篇)

年度	1989—2000	2001	2002	2003	2004	2005	2006	2007	2008	2009	2010	2011	2012	2013	2014	合计
论文数	0	1	1	0	3	1	3	8	7	4	12	7	15	16	12	90

---

① 本部分"文献综述"及随后的"研究构想"的写作时间为2014年12月至2015年3月。这段时间是后来笔者申请到的教育部人文社会科学研究规划基金项目"学院文化生成、动变及塑造研究——以生态学为主的多学科探察"(15YJA880069)的准备期。

　　由表 1 可知,国内最早的院系文化研究成果发表于 2001 年且仅有 1 篇;之后几年也较稀少,直到 2007 年才开始略有增长,除 2009 年发表 4 篇以外,一直到 2014 年每年发表文章均在 7 篇以上,且 2013 年达到了 16 篇。显而易见,2000 年以后,院系文化研究论文数量实现了零的突破,且总体上呈增长趋势,但是,无论是年度数量还是总量都还不算大。

　　登载相关论文的期刊情况见表 2。不难发现,载文最多(接近总量的一半)的期刊种类竟是学报〔如《同济大学学报》(社会科学版)〕。难道是因为学报的发行主要面向高校特别是学报主办高校的师生,而"院系文化"这一常有的"共同体验"自然会引发校内、校际师生读者更多的共鸣,从而"诱使"作者愿意投稿、编辑乐意接受? 抑或学报较易接纳以"院系文化"为主题的文章? 个中原因,还待确定。

表 2　登载院系文化研究论文的期刊情况　　　　　(单位:篇)

期刊	学报		教育类	其他	合计
	作者所在高校学报	其他学报			
论文数	17(含 1 篇 CSSCI)	16	34(含 2 篇 CSSCI)	18	85

　　除学报外,其他大部分论文被教育类期刊,如《中国高教研究》《高校教育管理》《教育探索》《中国成人教育》《中国高等医学教育》《中国电力教育》《中国林业教育》《石油教育》《中国教育技术装备》《中国校外教育》《大学教育》《高教论坛》《高教与经济》《职业教育研究》《文教资料》《当代教育论坛》《教育教学论坛》《教育与职业》《科教导刊》以及《长春工业大学学报》(高教研究版)、《宁波大学学报》(教育科学版)、《北京教育》(高教版)、《河南教育》(高教版)等接收。如此多教育类期刊愿意接收"院系文化"这一主题的论文对研究者而言自然是好事,但美中不足的是,其中的高影响力期刊寥寥无几,况且还有约五分之一的论文是登了诸如《科协论坛》《管理观察》《统计与管理》《价值工程》《劳动保障世界》《商情》《活力》等这样一些以"院系文化"为主题的论文的真正读者可能很难接触到的其他期刊上。

　　2. 研究人员

　　高校内设、直属的二级学术单位,如学院(系、部),因基于一个或几个学科/专业(群)而建,成员"习相近"、互动多,其文化的可塑性强;又因规模较小、空间集中,其文化的可控性也好。缘此,院系文化就容易生成、塑造出来,也就容易被人们感受到,进而触发人们的注意,引发人们的思考,对身在其中的"局内人"——高校内特别是院系里的师生员工来说,更是如此。通过对论文的逐篇查阅得知,作者大都来自高校(作者单位没有标明的论文除外),并且绝大多数来自学院(系、部)。从论文作者具体的身份情况看,既有管理人员,也有从事研究的教师;教师中,其研究方向不仅有"教育""文化"的,还有"管理"的;除教工外,还有学生(人员分布如表3所示)。研究人员身份构成的多元化,加上广泛来自各层次、各类型高校的不同的学院(系、部)的特点,在一定程度上反映出院系文化现实存在的普遍性及其可感知性,也透射出院系文化研究的些许魅力。

表3 院系文化研究论文作者情况 (单位:篇)

身份	期刊论文						报纸	学位论文	合计
	高校管理人员	教育方向研究人员	文化方向研究人员	管理方向研究人员	其他方向研究人员	学生	信息不详	高校管理人员	硕士生	
数量	36	3	4	9	3	2	28	1	4	90

注:只统计第一作者。

表3还反映了一个显见的事实:参与院系文化研究的管理人员(多为院系部党委/党总支书记、副书记以及辅导员等,也有少数宣传部、学生处等学校机关部门的干部)要多于专门研究人员(教师)。如果专业研究者开掘新课题,主要是基于对以往和当前知识的敏感,那么,实际工作者探究新问题主要就是基于对手头或身边工作的敏感。眼前的情势是,院系文化实际工作者的工作敏感度要明显高于专业研究者的知识敏感度。是否可以由此推出这样一个命题——"院系文化"不仅是一个理论范畴,在当下更是一个现实问题;而"院系文化建设",不仅是一个研究领域,在当下更是一个实践课题?!

3. 研究类型

表4清楚地展示了90篇论文中,有53篇研究的是本科高校的院系文化,25篇研究的是高职院校(高职学院、专科学校)的院系文化,另有12篇尽管难以辨明,但其结论应该是对两类高校都适用。

表 4　院系文化研究分类情况　　　　　　　　（单位:篇）

类型	研究对象			研究内容及方法			
	本科院校	高职院校	没有指明	理论研究	实践研究（面上）	实践研究（个案）	混合研究
数量（共计 90）	53	25	12	38	6	37	9

　　表 4 也证明了前面所假设的命题的成立——"院系文化"既是一个理论问题,又是一个实践课题——因为近一半的论文侧重于理论研究,近一半的论文侧重于实践研究。

　　理论研究方面,最有代表性的论文要数高平平教授于 2001 年发表在《同济大学学报》(社会科学版)上的《论高校的学院文化建设》。它是笔者依据网络检索而知的国内最早以"学院文化"为题的文献。该文较为全面、系统地论述了学院文化的内涵、实质、构成、作用以及学院文化建设的必要性、现实性和可行性,还有学院文化建设的内容与层次、途径与方法,广为后来院系文化研究人员所参考和引用。①

　　理论研究常采用的方法主要是文献法——对文献资料予以分析、综合、归纳和演绎,以构建新的理论和方法。高平平的论文就是在参考了若干企业管理文献基础上,运用组织文化建设的基本原理和基本方法完成的。再如王国荣和汪盛科也是在充分吸收了若干企业文化和校园文化方面的文献"养料"之后,指明了学院文化的内涵、特点,阐明了学院文化的"精神性表达""外在表达",并明确了学院"文化管理"所应树立的基本理念。②

　　另一类型的研究是实践研究,其又分为个案实践研究和"面上"实践研究。个案实践研究是针对现实中的某一所学院(系、部),或分析它的文化及其建设情况(现状、问题及成因),进而给出解决方案,如陈文俊和李晓敏针对中南林业科技大学经济学院③、蔡旭东针对北京体育大学管理学院所做的研究④;或直接介绍、分

---

①　高平平. 论高校的学院文化建设[J]. 同济大学学报(社会科学版),2001(4):94-99.

②　王国荣,汪盛科. 试论学院文化和学院的文化管理[J]. 宁波大学学报(教育科学版),2006(1):39-42.

③　陈文俊,李晓敏. 大学文化之学院文化建设浅析[J]. 中南林业科技大学学报(社会科学版),2010(6):110-113.

④　蔡旭东. 论北京体育大学管理学院文化建设[D]. 北京:北京体育大学,2006:1-40.

析其文化建设的经验做法及成果,如欧阳文锋对河南理工大学材料科学与工程学院[①]、张宗民等人对杨凌职业技术学院经济与贸易学院所做的全面介绍及分析[②];或只就其文化的某个方面做深刻剖析,如王燕等人对国立西南联合大学(简称"西南联大")外文系"文化精神"的研究[③][④]、杨寓哲和郭建如关于某研究型大学院系文化对科研秘书的激励作用的研究[⑤]。"面上"实践研究则是面向所有高校或某一类型的高校,对院系文化及其建设情况做总体分析。如费彦峰对我国高校二级学院文化和大学整体文化建设的现状进行调研,探究存在的问题并揭示其成因,最终给出二级学院特色文化与大学整体文化建设良性互动的对策建议。[⑥] 这些实践研究常用的方法有观察法、访谈法、问卷法以及文本分析法;也有用比较法的,譬如张容榕等就国内外 16 所主要高校及其主要院(系)的文化构成因素、建设现状和建设方法所做的对比分析[⑦]。

还有少量论文系混合研究——既有理论研究,又有实践研究。尽管前面有些理论研究也兼有案例支撑(如王国荣和汪盛科的研究),有些实践研究也兼有理论提升(如董兴的研究)[⑧],但其兼有分量往往较小。在混合研究中,理论研究与实践研究的分量却基本持平。如孟方既介绍了宿州学院文学院院系文化建设值得推

① 欧阳文锋. 高等学校二级学院文化建设探索与实践——以河南理工大学材料科学与工程学院为例[J]. 河南理工大学学报(社会科学版),2014(2):245-248.

② 张宗民,杨宏祥,李嘉鸣. 高职院校二级院系文化建设的实践与思考——以杨凌职业技术学院经济与贸易学院为例[J]. 杨凌职业技术学院学报,2013(3):78-80.

③ 王燕. 西南联大外文系的文化精神——外文系与联大诗人群[J]. 廊坊师范学院学报,2004(1):81-85.

④ 王燕,马俊江. 再论西南联大外文系的文化精神——外文系与中文系[J]. 廊坊师范学院学报,2005(1):47-49.

⑤ 杨寓哲,郭建如. 组织文化对院系科研秘书的激励作用分析——以某"985"综合性大学为例[J]. 高校教育管理,2013(4):64-71.

⑥ 费彦峰. 二级学院特色文化与大学整体文化建设的互动研究[J]. 湖北经济学院学报(人文社会科学版),2013(7):140-141.

⑦ 张容榕,刘灿,翟晓真. 知名高校院(系)组织文化建设研究综述[J]. 出国与就业,2011(23):84-85.

⑧ 董兴. 大学二级学院文化建设的研究与实践——以云南民族大学职业技术学院学院文化建设为例[J]. 中国高教研究,2007(5):70-71.

广的七点经验,还阐明了院系文化建设要注意的几种关系①;再如卞亚琴既考察了高校院系文化建设的成绩与问题(实践研究),总结了建设的基本经验与启示(实践研究),还提炼出高校院系文化的特点与功能(理论研究),阐释了思想政治教育与高校院系文化以及校园文化与院系文化的相互关系(理论研究),并最终提出院系文化建设的"四个基本原则"和"五大技术要领"(理论研究)②。在这类研究中,实践研究与理论研究是并驾齐驱、平分秋色的。

(二)研究主题之一:什么是院系文化

在本部分,笔者将把90篇论文(特别是理论研究论文)中有代表性、有特色的观点择优摘要式地组织在一起(鉴于论文间重复性研究较多,相同观点只介绍最早发表者),以呈现这一研究领域目前所取得的成果、达到的水准,以为后续研究确立基点,并为当下实践提供指导。

1.院系文化的内涵

比照人们对"大学文化"通常的理解,"学院文化广义来说,是指一个学院所创造的有自身特色的物质财富和精神财富的总和。狭义上的学院文化指一个组织所具有的管理特色、价值观念、人际关系、传统习俗、行为规范、精神风貌以及与之相适应的一系列教学、科研和文体活动"③。院系文化"是大学文化的亚文化,是院系在长期教学管理实践过程中独创、发现、发展而来的一种独特的组织文化形态,它以院系全体师生员工为主体,以知识及其专业(学术)为基础……被院系师生员工普遍接受、认同并遵循……它凝聚在教学活动、学生工作及各种事务管理当中,通过全体师生员工的精神面貌、思维方式和行为模式表现出来"④。

2.院系文化的构成

尽管院系文化是"校园文化的亚文化",但几乎可以认为"它的内涵丰富和复

---

① 孟方.高校教学院系文化建设的思考与实践[J].宿州学院学报,2008(6):131-133.
② 卞亚琴.试论高校院系文化建设[D].武汉:华中师范大学,2008:1-40.
③ 高平平.论高校的学院文化建设[J].同济大学学报(社会科学版),2001(4):96.
④ 卞亚琴,岳奎.高校院系文化的内容体系和特征探析[J].高等函授学报(哲学社会科学版),2009(12):66.

杂程度等同于校园文化"①,因为它也是"包括专业文化、学科文化、教师文化、学生文化乃至管理文化、办公室文化等等在内的一个文化集团"②。如果需要明确分类依据的话,可按"文化的职能形态"将院系文化分为"学术文化""行政文化"和"社团文化",按"文化的主体形态"分为"教师文化""学生文化"和"行政人员文化"。③

除"分类"外,还可根据各成分的地位及相互关系,将院系文化"分层",以显示其独特的"洋葱"型结构——从外到内,既可分"物质层""制度层"和"精神层"三层④,也可分为"物质文化""制度文化""行为文化""精神文化"四层⑤。不论怎么分,"精神层(总)是学院文化的内核"⑥,因为"精神文化……体现着学院整体发展的价值追求和理性认识"⑦,"主导着学院传统的形成及学院发展的走向,并直接决定着学院的管理模式、行为方式、人际关系、行为规范、风格风貌"⑧。

3. 院系文化的性质

院系文化,"相对于校园文化而言,是亚文化,但又有其独立性、相异性。这种独立性来自现今的学院相对大学已有其独立性;相异性则来自学院一般具有学科特点,而不是简单同质的组块"⑨。作为"基于某个学科或专业在特定的学院范围

---

① 王国荣,汪盛科. 试论学院文化和学院的文化管理[J]. 宁波大学学报(教育科学版),2006(1):39.

② 卞亚琴. 试论高校院系文化建设[D]. 武汉:华中师范大学,2008:5.

③ 李博超. 人才培养视角下的学院文化建设研究——以江西师范大学国际教育学院为个案[D]. 南昌:江西师范大学,2012:11-13.

④ 高平平. 论高校的学院文化建设[J]. 同济大学学报(社会科学版),2001(4):97-98.

⑤ 陈敏,毕建权,王苑. 组织文化视角下的综合性大学院系文化及其建设初探[J]. 高教论坛,2010(11):121.

⑥ 高平平. 论高校的学院文化建设[J]. 同济大学学报(社会科学版),2001(4):98.

⑦ 陈文俊,李晓敏. 大学文化之学院文化建设浅析[J]. 中南林业科技大学学报(社会科学版),2010(6):111.

⑧ 赵晓珂,王林,张卫东. 高校二级学院文化建设的理论研究[J]. 中国石油大学学报(社会科学版),2011(6):106.

⑨ 王国荣,汪盛科. 试论学院文化和学院的文化管理[J]. 宁波大学学报(教育科学版),2006(1):39.

内集中体现出来的特征性文化"①,院系文化具有"学科性、局域性、开放性、超前性"②以及"依赖性和渗透性""多元性与系统性""学术性与德育性"③等特点。

作为"一种'具体'的特性文化"也即"个性文化"④,院系文化既有优劣之别——"优秀的院系文化……有六个明显的标志:明确的院系精神、共享的价值观念、良好的工作学习环境、群众认可并自觉遵守的管理制度、协调的人际关系、充满活力与热忱的全体师生员工"⑤,也"有浅薄与厚重之分……浅薄文化如浮光掠影产生不了什么文化力量。厚重文化则象(像——笔者注)久窖的老酒,香醇甜绵,回味悠长"⑥。

4. 院系文化与校园文化、大学文化的关系

校园文化相对院系文化而言,"更具有综合性,是将校园内各学科、各专业、各院系、各部门的文化特点综合于一体,相互交融而形成的文化,在校园内更多地代表着一种普遍性文化,因此,两者之间具有普遍与特殊的关系"⑦。进一步讲,"校园文化是学院文化的基础和背景"⑧;"学院文化则是校园文化的一个缩影和具体映射"⑨,它"统一于高校校园文化之中"⑩,"与大学校园文化是一个整体"⑪,但又

---

① 王国荣,汪盛科. 试论学院文化和学院的文化管理[J]. 宁波大学学报(教育科学版),2006(1):39.
② 王国荣,汪盛科. 试论学院文化和学院的文化管理[J]. 宁波大学学报(教育科学版),2006(1):39.
③ 卞亚琴,岳奎. 高校院系文化的内容体系和特征探析[J]. 高等函授学报(哲学社会科学版),2009(12):67-68.
④ 李博超. 人才培养视角下的学院文化建设研究——以江西师范大学国际教育学院为个案[D]. 南昌:江西师范大学,2012:14-16.
⑤ 陈敏,毕建权,王苑. 组织文化视角下的综合性大学院系文化及其建设初探[J]. 高教论坛,2010(11):121.
⑥ 唐辉宇. 浅谈大学系部文化建设的认识与实践[J]. 劳动保障世界,2013(24):163.
⑦ 蔡旭东. 论北京体育大学管理学院文化建设[D]. 北京:北京体育大学,2006:10.
⑧ 王国荣,汪盛科. 试论学院文化和学院的文化管理[J]. 宁波大学学报(教育科学版),2006(1):40.
⑨ 蔡旭东. 论北京体育大学管理学院文化建设[D]. 北京:北京体育大学,2006:10.
⑩ 卞亚琴. 试论高校院系文化建设[D]. 武汉:华中师范大学,2008:17-18.
⑪ 陈敏,毕建权,王苑. 组织文化视角下的综合性大学院系文化及其建设初探[J]. 高教论坛,2010(11):121.

"具有一定的独立性······在继承和吸收校园文化的基础上来表现自身的特性"①。这种亲密关系促成了一种互惠互利效应——"校园文化能够保持院系文化的稳定性,院系文化增加大学校园文化的多样性"②,从而"构成高校独特的校园文化生态圈······兼有共性与个性的院系文化使得高校校园整体文化更加饱满、丰富和充满活力"③。

基于上面的分析,就不难理解,"一方面,大学文化在宏观上引导着学院文化的发展方向;另一方面,基于学科差异性的众多学院文化又共同作用于并贡献于大学文化"④。需强调的是,"学院文化是大学文化不可分割的重要组成部分,是形成学校文化风格的主要力量,学院文化建设影响着大学文化建设的进程、方向、活力和效果"⑤,"搞好学院文化建设,既是对大学文化的发扬光大,又是对大学文化的拓展充实"⑥。

总之,"大学文化建设是一个系统性的工程,二级学院与学校是部分与整体、二级平台与一级平台的关系······如果没有两级平台之间的互动与呼应,大学文化建设必将是割裂的、各自为政的局面"⑦。

5. 院系文化的功能

(1)管理方面。

①导向功能。院系文化作为组织文化,"能对组织整体及每位成员的价值取向及行为取向起到引导作用,使之符合组织的发展需要"⑧。②凝聚功能。"良好

① 蔡旭东. 论北京体育大学管理学院文化建设[D]. 北京:北京体育大学,2006:10.

② 陈敏,毕建权,王苑. 组织文化视角下的综合性大学院系文化及其建设初探[J]. 高教论坛,2010(11):121.

③ 马俊. 构建特色院系文化的实践与思考[J]. 科教论坛,2013(14):86.

④ 陈文俊,李晓敏. 大学文化之学院文化建设浅析[J]. 中南林业科技大学学报(社会科学版),2010(6):11.

⑤ 欧阳文锋. 高等学校二级学院文化建设探索与实践——以河南理工大学材料科学与工程学院为例[J]. 河南理工大学学报(社会科学版),2014(2):246.

⑥ 赵晓珂,王林,张卫东. 高校二级学院文化建设的理论研究[J]. 中国石油大学学报(社会科学版),2011(6):105.

⑦ 费彦峰. 二级学院特色文化与大学整体文化建设的互动研究[J]. 湖北经济学院学报(人文社会科学版),2013(7):140.

⑧ 高平平. 论高校的学院文化建设[J]. 同济大学学报(社会科学版),2001(4):96.

的院系文化能够促进师生形成共同的理想信念、心理特征、道德标准和价值追求，它能激发院系成员对院系目标、准则的认同感、自豪感，从而达到凝聚人心和整合内部力量的作用。"①③约束功能。作为组织文化，院系文化"会对每个成员的思想、心理和行为产生约束和规范作用。这是一种软约束，是由弥漫于组织中的文化氛围造成的使个体行为从众化的群体心理压力和自我控制行为"②。④激励功能。在约束的同时，院系文化还能"从尊重人的核心思想出发，通过内在的引导，使教职工从内心深处产生一种高昂激情和奋发进取精神，并自觉地为组织效力"③。当然，激励具有方向性，可以是正向的，也可以是逆向的，由此，院系文化可分为正向激励文化、激励不足的文化、逆向激励文化。④⑤协调功能。院系文化可"通过协调和谐的人群氛围，自动地调节组织成员的心态和行动，并通过对这种文化氛围的心理认同，逐渐地内化为组织成员的主体文化，使组织的共同目标转化为成员的自觉行动，达到个人目标与组织目标在较高层次上的统一，使群体产生最大的协同合力。同时，通过组织的共同价值观不断地向个人价值观渗透和内化，使组织自动地生成一套自我调控机制，以'无形的手'操纵着组织的管理行为和实务活动"⑤。⑥同化功能。伴随着协调功能的发挥，院系文化还"以组织整体价值观念、行为方式和道德规范等意识形态体系影响组织中的任何成员，并使之在以上方面与组织文化趋同……以同化功能确立统一和谐的人际的同时，自然地发挥着消除异化的功能"⑥。

（2）社会方面。

①辐射功能。院系文化作为组织文化，其"建设一旦达到成熟时，不仅会在组织内部发挥作用，而且会通过各种渠道对社会产生影响"⑦，"同其他文化相比较，

①　朱广亮. 教学软环境视域下的院系文化建设初探[J]. 中国教育技术装备,2012(27):48.

②　高平平. 论高校的学院文化建设[J]. 同济大学学报(社会科学版),2001(4):96.

③　高平平. 论高校的学院文化建设[J]. 同济大学学报(社会科学版),2001(4):96.

④　杨寓哲,郭建如. 组织文化对院系科研秘书的激励作用分析——以某"985"综合性大学为例[J]. 高校教育管理,2013(4):64-65.

⑤　李红,沈迪,陈皇,等. 社会主义和谐校园中的学院组织文化研究[J]. 湖南省社会主义学院学报,2013(3):59.

⑥　朱有明,王建平. 大学系文化的内涵与功能探析[J]. 长春工业大学学报(高教研究版),2004(2):24.

⑦　高平平. 论高校的学院文化建设[J]. 同济大学学报(社会科学版),2001(4):96.

其教育性和辐射性更强"①。②形象塑造功能。"优秀的学院文化向社会大众展示着学院成功的管理风格、独特的办学特色和高尚的精神风貌,从而为学院塑造良好的整体形象,树立信誉,扩大影响"②,甚至"学院通过其组织文化构建出的品牌效应也很可能会扩展为整所高校的品牌"③。

（3）育人方面。

院系文化能够对学生的专业素质、思想品德、个性成长产生影响。④ 它"蕴含的精神、信念、习惯、道德风尚作为文化氛围弥漫于师生之中,能够产生强大的感召力和内驱力,可以陶冶学生的情操、启迪学生的心智、促进学生的全面发展"⑤;它"不是无目的的文化,它处处渗透着明确的教育目的……主要是通过环境氛围的巨大环绕力,将学生导向培养目标……学院文化深刻地影响着每个学生的发展方向,特别是影响着学生的价值取向、思想品德和生活方式的选择,具有潜移默化、滴水穿石的力量"⑥。

(三)研究主题之二:为何、如何建设院系文化

1.院系文化建设的必要性、可行性

（1）必要性。

院系文化是"院系生存和发展之魂、活力之根、动力之源"⑦。"搞好学院文化建设,不仅可以丰富学校文化建设的内涵,弘扬大学精神,维护大学道统,而且对于构建学院核心价值理念、增强学院软实力、优化学院育人环境、彰显学院个性特色、培育学院团队精神、塑造学院外部形象、构建和谐集体生活具有十分重要的意

---

① 张响珍,陈胜. 和谐背景下学院文化功能的构建与思考[J]. 中国电力教育,2008(9下):230.
② 毛洪涛. 论学院文化建设[J]. 职业,2007(26):38.
③ 李红,沈迪,陈皇,等. 社会主义和谐校园中的学院组织文化研究[J]. 湖南省社会主义学院学报,2013(3):59.
④ 李博超. 人才培养视角下的学院文化建设研究——以江西师范大学国际教育学院为个案[D]. 南昌:江西师范大学,2012:22-24.
⑤ 赵红深. 以药学系的文化建设谈高职院校系部特色文化的打造与实践[J]. 湖南环境生物职业技术学院学报,2010(1):81.
⑥ 张响珍,陈胜. 和谐背景下学院文化功能的构建与思考[J]. 中国电力教育,2008(9下):230.
⑦ 朱广亮. 教学软环境视域下的院系文化建设初探[J]. 中国教育技术装备,2012(27):48.

义。"①"国内外无数事实均已表明,高雅而先进的院系文化不仅能够有效地增强全体院系教职工对院系的认同感、事业的成就感和生活的幸福感,而且能够有效地增强院系的活力和朝气。"②

当前形势下,"大学文化既面临着能否适应社会主导文化发展新要求的考验,更肩负着通过自身的文化创新,引领社会文化变迁,促进社会主义文化大发展大繁荣的光荣使命。高校内下属二级学院作为大学职能的具体承担者和实践者,自然责无旁贷"③。特别是"在学校人数多、规模大、各院系活动范围相对固定、学科专业越发多样的情况下,进行全校的整体性校园文化建设遇到了新的挑战,开展全校性群体参与的文化活动更是困难重重,而化解这一矛盾的有效策略就是在统一的大学精神主导下,加强院系文化的建设。如此,可发挥各院系的主观能动性,最终以各有特色的院系文化来丰富整个校园文化"④。

(2)可行性。

"我国高校在经历了大规模的合并重组后,许多高校实行了校院二级管理体制,大学内下属学院成了基本的教学和科研基地,不仅在人权、财权、教学和科研管理上拥有了更多的自主权,而且学院体制中有功能齐全的党、政、工、青等基层组织。这些体制和组织设置上的特点,决定了高校以内设的学院为主体开展文化建设的现实性和可行性。作为校领导层则可以担负起宏观指导、信息交流以及经验总结等各项面上的工作,推动各内设学院的文化建设工作。"⑤

当然,"学院文化的养成,不是一朝一夕的事情"⑥,而"是一项艰难的系统工程,它同教育工作一样,是一项延续不可间断的工作,不可能一劳永逸"⑦,"必须与

---

① 赵晓珂,王林,张卫东.高校二级学院文化建设的理论研究[J].中国石油大学学报(社会科学版),2011(6):109.
② 李应军.高校院系文化建设管见[J].内蒙古师范大学学报(教育科学版),2014(3):25.
③ 许伟通,王金宝.论高校二级学院文化建设[J].浙江工业大学学报(社会科学版),2011(3):308.
④ 孟方.高校教学院系文化建设的思考与实践[J].宿州学院学报,2008(6):131.
⑤ 高平平.论高校的学院文化建设[J].同济大学学报(社会科学版),2001(4):96.
⑥ 蔡旭东.论北京体育大学管理学院文化建设[D].北京:北京体育大学,2006:15.
⑦ 邢凯岭.高职院校系部文化建设的思考——以常州轻院旅游系为例[J].教育教学论坛,2012(11):145.

时俱进、不断创新、不断充实"①。

2. 本科高校的院系文化建设

(1)建设内容。

物质环境文化是学院文化建设的基础,制度文化是学院文化建设的纲领,精神文化是学院文化建设的核心。在物质环境文化建设中,要鼓励师生共同努力,打造特色环境文化;在制度文化建设中,要完善各种管理制度、责任制度;在精神文化建设中,要注意学院精神的提炼、学术文化、阵地文化的建设。② 院系文化建设的重点应体现在教风、学风、院风上③;应全面凝练院系精神文化,大力倡导院系学术文化,积极培育院系育人文化④。

(2)建设原则。

院系文化建设应坚持"统领性、指导性""具体化、丰富化""特质性、特色性"原则,依托相应的平台和窗口,围绕办学定位、办学理念、办学思路和学院的改革发展目标来进行。⑤ 其中,应特别注意讲求"特色性"或曰"个性化"原则,因为"各个学院在所涉学科领域、培养目标和教学科研上,都有区别于其他学院的自身特色。这些特色构成了学院文化的个性"⑥。

院系文化建设是系统工程,牵涉面颇广,要综合考虑处理好以下几种关系。一是外部关系。首先,要符合大学精神,围绕校园文化建设的总体要求和主要任务展开。要建设既能体现院系鲜明个性又与校园文化整体协调的院系文化。其次,协调好与兄弟院系之间的关系,加强联系、联合,通过多种方式横向辐射、交流互动,既相互借鉴、补充又保持个性、特色,共同构成既五彩缤纷又步调统一的校园文化。二是内部关系。首先,要解决好历史积淀和凝聚培养的关系。既要根基于原有传统,合乎客观现实;又要与时俱进,着眼未来发展。其次,要处理好与院系其他方面建设之间的关系。要把各方面的建设综合起来,像思想建设、制度建

① 郭长春. 高职院校系部文化建设探析——以山西经贸职业学院财会系为例[J]. 山西经济管理干部学院学报,2014(1):97.
② 史文博. 高校二级学院文化建设浅析[J]. 教育教学论坛,2012(12):107.
③ 赵骏. 试论高校校园文化建设中的院系文化建设[J]. 教育探索,2008(12):22.
④ 李应军. 高校院系文化建设管见[J]. 内蒙古师范大学学报(教育科学版),2014(3):25.
⑤ 董兴. 大学二级学院文化建设的研究与实践——以云南民族大学职业技术学院学院文化建设为例[J]. 中国高教研究,2007(5):70-71.
⑥ 高平平. 论高校的学院文化建设[J]. 同济大学学报(社会科学版),2001(4):97.

设、学科专业建设,它们与文化建设相辅相成,大多是文化建设的题中应有之义。①

(3)建设途径。

院系文化建设必须循序渐进,依据其内在规律,有计划、分步骤地进行:分析内外文化环境→设计新型文化框架→文化表层建设→文化深层观念的渗透和培育。②

"学院文化建设……非常需要管理者的积极介入"③,文化建设的过程实质上就是"文化管理",即"在科学管理的基础上,尊重学院文化,以文化的力量促进学院不断发展"④的过程。在实际操作中,"文化管理"应特别重视"学院领导的身体力行和先进人物的示范""院内先进人物和师生的示范作用""无形资产的形成和积累""学院环境的设计和建设""毕业学生的认同和传播"⑤。从学校全局的角度,则"要建立高校校园文化校—院二级管理联动机制。……要引导二级学院在文化建设中加强与学校之间的联系、二级学院之间的联合……要加强对二级学院文化建设的指导、督查,并建立完善的考核、评比和激励机制"⑥。

"高校基层党组织作为学院工作的领导核心和政治核心,必须在学院文化建设中发挥引领、支撑、凝练、推进的作用。"⑦可通过以下路径实施高校基层党建与学院文化建设的整合:第一,以社会主义核心价值体系为核心,打造学院共同的价值观;第二,以党风建设引领教风、学风建设,打造积极向上的精神风貌;第三,以完善和构建学院制度体系为关键,培育规则治院、制度育德的制度文化;第四,以主题党日、团日等组织生活为载体,打造积极向上、创先争优的环境氛围。⑧

---

① 孟方. 高校教学院系文化建设的思考与实践[J]. 宿州学院学报,2008(6):131-132.

② 高平平. 论高校的学院文化建设[J]. 同济大学学报(社会科学版),2001(4):98-99.

③ 刘潇潇,陈省平,满意,等. 学院文化及其管理属性与文化属性[J]. 中国高等医学教育,2013(4):35.

④ 王国荣,汪盛科. 试论学院文化和学院的文化管理[J]. 宁波大学学报(教育科学版),2006(1):41.

⑤ 王国荣,汪盛科. 试论学院文化和学院的文化管理[J]. 宁波大学学报(教育科学版),2006(1):42.

⑥ 张文元. 高校二级管理体制下二级学院文化建设探析[J]. 重庆科技学院学报(社会科学版),2010(17):184.

⑦ 王春蕾,吴卫星. 论高校基层党建与学院文化建设的整合模式[J]. 北京教育(高教版),2014(7):71.

⑧ 王春蕾,吴卫星. 论高校基层党建与学院文化建设的整合模式[J]. 北京教育(高教版),2014(7):72-73.

3. 高职院校的院系文化建设

(1)建设内容。

"高职院校系部文化建设必须紧紧抓住高职教育特点,坚持以社会主义核心价值体系为引领、以综合素质培养为目标、以专业特点为特色、以学院理念为指导,坚持从师生中来、到师生中去的思路开展建设,并将系部文化体现于精神文化、物质文化、制度文化和行为文化的各个方面,形成以物质文化为基石、制度文化为屋架、行为文化为砖瓦、精神文化为砥柱的整体布局。"①

(2)建设原则。

高职院校院系文化建设,应坚持与专业特点相适应原则、与办学定位相协调原则、与社会发展相一致原则②;应与校园文化建设相结合、与学生心理健康教育相结合、与学生奖助贷相结合、与校企合作相结合、与专业建设相结合③;"要注重增强创业兴业、图治图强、争先率先的文化实力;注重激发开拓开明、敬业精业、创新创优的文化活力;注重弘扬育院育人、大气文气、和美和谐的文化魅力"④。

(3)建设途径。

高职院校,其高等性与职业性决定了院系文化应该是学校文化、专业文化、企业文化相融合的产物,在物质文化、制度文化、行为文化、精神文化等层面都应不断推进学校文化、专业文化与企业文化的渗透与融合。可通过"乐业""敬业""从业""事业"四阶段构建学校文化;通过"提炼""管理""传播""落实"四环节打造专业文化;通过"认同""领悟""渗透""实践"四步骤引入企业文化。⑤

高职院校院系文化的打造,可采取五项措施(发挥教师导向作用,引领精神文化;把握宣传舆论作用,规范载体文化;重视学生社团作用,建设制度文化;挖掘环

---

① 郭长春. 高职院校系部文化建设探析——以山西经贸职业学院财会系为例[J]. 山西经济管理干部学院学报,2014(1):95.

② 赵红深. 以药学系的文化建设谈高职院校系部特色文化的打造与实践[J]. 湖南环境生物职业技术学院学报,2010(1):82.

③ 孙晶晶,杨勇. 关于高职院校二级管理模式加强院系文化建设的思考[J]. 统计与管理,2013(6):106.

④ 张宗民,杨宏祥,李嘉鸣. 高职院校二级院系文化建设的实践与思考——以杨凌职业技术学院经济与贸易学院为例[J]. 杨凌职业技术学院学报,2013(3):80.

⑤ 邢凯岭. 高职院校系部文化建设的思考——以常州轻院旅游系为例[J]. 教育教学论坛,2012(11):144-145.

境育人作用,提升器物文化;强化工学结合作用,打造技能文化),实施六大工程(实施"形象策划"工程,树立品牌意识;实施"精品励志"工程,陶冶道德情操;实施"文明养成"工程,提升文化涵养;实施"课改教改"工程,创新办学理念;实施"企业对接"工程,融入企业精神;实施"平安创建"工程,建设和谐系部)。①

二、研究构想

文化之于一个组织、一个社会乃至一个国家的发展至关重要。这也正是当前大学文化建设如火如荼地开展、大学文化研究成为高等教育领域"显学"之一的缘由。身处大学基层的学院文化,理应受到高度重视,因为搞好学院文化建设,不仅可以在学院内部树立信仰理念、凝聚群体力量、优化育人环境、彰显学院个性、增强学院软实力,还能丰富整个大学的文化建设内涵、弘扬大学精神、维护大学道统、促进特色发展、提升办学水平,进而促进一流大学建设、高等教育强国建设。因此,针对并面向学院文化建设的当下及未来实践,开展学院文化研究就显得十分重要。在分析国内外研究现状和趋势基础上,笔者创新性地设计出如下研究计划,以期引发更多的研究兴趣以及实践努力。

(一)研究起点及趋势

有关学院文化的研究进展,除了主要体现在前述已经发表、公布的成果中外,还可见于湖州师范学院、山西大学、大连理工大学等高校出台的学校层面的诸如《二级学院文化建设工作实施意见》(2005)、《学院文化建设工作实施意见》(2007)、《基层文化建设指导意见》(2013)等政策文件,也反映在一些相关课题立项(如宿州学院"应用型本科高校二级学院文化建设研究"、浙江大学"综合性大学院系文化建设与管理研究"、安徽省高校人文社科重点研究基地"二级学院特色文化与大学整体文化建设的互动研究"、湖南省教育科学规划课题"职业院校院系文化的拓展与实践"、中国职业技术教育学会"高职院校院系特色文化的研究与实践")中。

可以预见,在社会主义文化强国战略推行、大学文化建设的积极带动下,随着大学内学院独立性、自主权的增强、增多,学院文化建设也一定会成为实践中的常规工作、研究中的重要课题。

---

① 赵红深. 以药学系的文化建设谈高职院校系部特色文化的打造与实践[J]. 湖南环境生物职业技术学院学报,2010(1):82-83.

放眼国外,尽管尚未检索到像国内这样专题论述学院文化的著述,但实际上 CLARK 早在 20 世纪 80 年代初分析学术文化特别是其中的学科文化时就提到"独特的医学院文化、法学院文化、工程学院文化等亚文化(subcultures)"[①],后来 BECHER[②③] 更是专门分析了比较接近学院文化的"基于学科"(discipline-based)的学术文化。之后 CHAFFEE(1988)[④]、RINGER(1992)[⑤]、KERR(1994)[⑥]、KENNEDY(1997)[⑦]、TROWLER(2008)[⑧]、BERGQUIST(2008)[⑨]、BARNETT(2014)[⑩]等人在分析学术文化、大学文化或高等教育文化时也多多少少触及这一论题。

以上表明国内外对学院文化的研究业已启动,但尚处于较浅层次和起步阶段,特别是与上位的大学文化研究相比(在数字化期刊全文数据库以"题名"检索,前者有 149 篇,后者有 1824 篇)。其表现之一就是,尽管现有研究能够有意识地借鉴企业文化、组织文化特别是校园文化、大学文化的研究成果,已较好地完成了"什么是学院文化"(如内涵、构成、性质、特征、功能,与校园文化、大学文化的关

① CLARK B R. The Higher Education System:Academic Organization in Cross-National Perspective[M]. Berkeley:University of California Press,1983:79.

② BECHER T. The Cultural View[M]//CLARK B R. Perspectives on Higher Education:Eight Disciplinary and Comparative Views. Berkeley:University of California Press,1984.

③ BECHER T,TROWLER P. Academic Tribes and Territories:Intellectual Inquiry and the Culture of Disciplines[M]. London:Society for Research into Higher Education and Open University Press,2001:1-97.

④ CHAFFEE E E,TIERNEY W G. Collegiate Culture and Leadership Strategies[M]. New York:Macmillan,1988:1-66.

⑤ RINGER F. Fields of Knowledge:French Academic Culture in Comparative Perspective[M]. Cambridge:Cambridge University Press,1992:1-59.

⑥ KERR C. Higher Education Cannot Escape History:Issues for the Twenty-first Century[M]. Albany:State University of New York Press,1994:1-85.

⑦ KENNEDY D. Academic Duty[M]. Cambridge:Harvard University Press,1997.

⑧ TROWLER P. Cultures and Change in Higher Education[M]. New York:Palgrave Macmillan,2008:2-87.

⑨ BERGQUIST W H,PAWLAK K. Engaging the Six Cultures of the Academy[M]. San Francisco:John Wiley&Sons, Inc.,2008:1-77.

⑩ BARNETT R. The Very Idea of Academic Culture:What Academy? What Culture? [J]. Human Affairs,2014,24(1):1-11.

系)和"为何、如何建设学院文化"(如必要性、可行性、内容、原则、途径)等主题的研究,但它们多是围绕精神文化、行为文化、制度文化、物质文化或环境文化的静态观察,对学院文化生成、变化、运动方面的动态问题以及与之紧密相连的按时间展开的建设流程等非常实用的问题几乎没有触及;且研究视角还多局限在教育学、管理学方面,本可采用的一些很有效的、已被用于大学文化、企业文化分析的人类学、社会学理论和方法以及生态学理论和方法还极少或没有被引入,致使这一领域的研究从一开始就起点不高,并在近年陷入低水平重复甚而有所停滞的局面。

(二)研究目标与内容

在考察国内外关于学院文化的实践特别是研究情况之后,针对前述以往研究的不足,笔者设想开展一项较具创新性的题为"学院文化生成、动变及塑造——以生态学为主的多学科探察"的研究,拟在剖析、归纳国内外多所个案学院文化实践的基础上,综合运用生物学、人类学、社会学、管理学、教育学,特别是生态学等多学科理论方法,系统性地并尽可能全面地探察学院文化生成、变化、运动的一般规律,最终构建起科学、合理的学院文化塑造流程理论体系并设计出若干具体可行的实际建设方案。

1. 研究目的

通过探察学院文化生成、变化和运动的机理与规律,构建关于学院文化塑造流程的理论体系,以指导我国高校学院文化建设实践,并为几所学院设计出具体可行的文化建设方案。

2. 研究目标

在广泛、深入的文献分析、田野调查和比较研究基础上,综合运用生物学、人类学、社会学、管理学、教育学特别是生态学等理论方法,从理论和实践两个方面,探察学院文化究竟是如何在大学基层生成、变化和运动的,最终找到塑造学院文化乃至大学文化的新路径。

3. 研究内容

(1)理论研究。

第一,基础理论问题。包括学院文化的成分、要素、结构,学院文化的性质、功能,等等。这是探究后面三个理论问题的前提和基础。第二,学院文化的生成机理。探究学院文化"孕育—萌发—发育"的"生命"过程及环境因素。这是对学院文化"自然演化"的探究,属"描述性""解释性"的文化"发现"。第三,学院文化的动变规律。探究学院文化"扩散—嬗变"及自身"成长—衰微—更新—再生"、在大学文化之中的"吸收—反哺"、与其他学院文化"接触—冲突—渗透"及"纳入—输出"的时机、条件、过程、结果等。这仍是对学院文化"自然演化"的探究,属"描述性""解释性"的文化"发现"。第四,学院文化的塑造流程。在以上文化"发现"基础上,设计出学院文化"创生培育—根植传播—监测干预—变革再造—评估规划"流程中每一环节的目的、内容、方法、原则等。这是对学院文化"强制演化"的探究,属"规范性"的文化"发明"。

(2)实践研究。

第一,学院文化典型案例分析。挑选国内外若干所文化表现或建设情况有代表性的学院,分析其文化的表现形态、成分、特征、功能以及形成、变化、运动情况,考察并总结其文化建设的现状、成因、经验或教训。第二,学院文化建设方案设计。选择几所有文化建设意愿的学院,根据其自身及所在大学的历史、现实和愿景,在以上理论的指导下,为其量体裁衣制定出文化建设的具体工作方案。

4. 拟突破的重点和难点

(1)研究重点之一:学院文化的动变规律。研究动变规律,必须要以事实为依据,并充分利用哲学、系统论、动力学等知识进行周密严谨的思辨。

(2)研究重点之二:学院文化的塑造流程。设计塑造流程,要以洞察其特性,把握其生成、变化和运动的活动规律为前提,以科学性、合理性、可操作性为标准。

(3)研究难点:生态学、生物学的运用。运用生态学理论和方法探究学院文化与环境的相互作用,极为少见;而运用生物学理论和方法探究学院文化这一"有机体"的生命过程,更属首创——这意味着挑战,也预示着创新。

5. 创新点

(1)动态研究与系统研究。在辨明学院文化的成分、要素、结构、性质和功能的基础上,考察学院文化"孕育—萌发—发育""扩散—嬗变""成长—衰微—更新—再生""吸收—反哺""接触—冲突—渗透""纳入—输出""创生培育—根植传播—监测干预—变革再造—评估规划"的动态发展情况。考察时,引入系统论思想,将学院文化自身("小系统")、学院文化与所在学院("中系统")以及学院文化、其他学院文化与整个大学文化("大系统"),都视为由若干要素以一定结构形式联结构成的具有特定功能的有机整体,突出其整体性、关联性、等级结构性、动态平衡性、时序性等特征,关注各系统内部的要素及其关系、结构以及与外部环境的互动。

（2）综合运用以生态学为主的多学科方法。针对学院文化的不同方面,选择性采用生物学、生态学、人类学、社会学、管理学、教育学等理论方法进行分析,其中,用生态学方法统照全局。萨克塞曾说,生态学的考察方式是一个很大的进步,它克服常从个体出发的、孤立的思考方法。学院文化,既作为一个有机体甚或"超有机体"①同学院"栖息地"里的人、物、能量构成"学院文化生态",同时也作为一分子与其他学院文化一起共生于"大学文化生态"中。

(三)研究思路和方法

1. 研究思路

（1）本书以关注"有机体及其环境的相互关系"的生态学为主要的研究视角与工具,辅以关注生命现象的生物学,为整个研究特别是学院文化"生成机理"与"动变规律"研究铺陈底色、引导路线。

（2）在生态学统领下,本书将采用常被视为文化概念之源头的人类学特别是结构—功能人类学、象征人类学、认知人类学分析学院文化中的"制度""符号""本土知识";运用文化社会学探察文化是怎样在学院社会中生成的、又是怎样在其中发展变化的、通过什么手段/路径发挥着怎样的社会功能,尤其要从冲突论视角分析学院文化的发展动力,从互动论视角探寻学院文化的动变规律;利用讲求效率、效益的管理学特别是其面向组织目标及绩效等现实问题的组织文化,对学院文化的"塑造流程"以及"管理功能"予以特别关照;运用教育学分析学院文化的"本体功能"和"育人功能"。

（3）为保证研究结论客观、科学、合理,除采用多学科方法联合攻关外,在研究过程中,还会自始至终把握好个案分析与总体分析相结合,定性分析与定量分析相结合,历史、逻辑、实践相统一的原则。

2. 研究方法

鉴于学院文化的动态性及复杂性,本书将尽可能地多采用一些方法和工具,

---

① WHITE L A. The Science of Culture：A Study of Man and Civilization[M]. New York：Farrar, Straus and Giroux,1969：2-19.

主要有以下几种。

（1）文献分析。面向本书的既定目标和任务，第一，利用各类型文献信息机构及其文献检索系统，全方位地查阅、搜集 20 世纪 70 年代以来的相关文献，并予以分析、综合、归纳和演绎；第二，选定国内外若干高校及其学院作为个案/样本，广泛、深入地收集、整理、分析其校史、院史、文件、人物传记等文献资料，发掘藏在文献中的文化"意义"，使研究结论建立在历史事实的基础之上。

（2）田野调查。在所在学院（研究中心）或进入个案学院，通过 1～3 年的长期观察（看）、深度访谈（听）、直接体验（做）（"田野三角"）方式获取第一手研究资料，进而将有关文化的具体经验进行事实归纳，演绎上升为一般性理论。

（3）比较分析。根据前面的文献资料和调查材料，对个案学院的文化及其环境做历史与现实的历时性纵向比较，并将其与校内其他学院、他校同类学院做共时性横向比较，通过对比、分析、归纳和总结，找出学院文化的特殊本质和普遍规律。

（四）理论与实践价值

学院文化既是一个崭新的理论选题，又是一个紧要的现实问题。本书的理论价值体现在：第一，"将新矿再挖一尺"——深化学院文化研究。本书在内容方面的"生成机理""动变规律""塑造流程"，在工具方面的多学科方法特别是生物学、生态学方法，对学院文化研究这一新兴领域来讲，都是崭新的，以此取得的成果必有较大的原创性。第二，"为大厦又添一瓦"——丰富大学文化理论。学院文化可谓是大学文化的亚文化，以上创新性成果自然也属于大学文化大家庭。第三，上述创新之处，若适当借用开展大学文化研究，也是完全可以的，并富有新意和易于创新。

目前，全国高等学校有 3000 余所，保守估计，内设学院应在 5 万家以上。尽管学院数量众多，但通过实地和网络调查发现，真正有意识、有计划、有组织、系统地开展学院层面文化建设活动的尚在少数，绝大多数学院仍待"启蒙"。除本书关涉的作为田野调查对象或建设方案用户的若干所学院将直接受益外，本书的理论性成果特别是其中的"塑造流程"部分以及案例报告、工作方案等实践性成果，若能较好地传播、采用，就能催生众多学院的"文化自觉"，推动它们的文化实践，对那些已经"在路上"的学院会有新的启示、大的促进。试想，在不久的将来，全国近 5 万家学院都热火朝天地开展文化建设活动，校园内将会是怎样一片生机勃勃的景象——这正是本书之广泛应用价值所在。

还有,本书的结论实际上不仅适用于学院,还在较大程度上适用于高校直属的其他类型的学术单位,如系、教学部、研究中心(院、所、基地)、实验室,甚而学部。如是,本书就更为有价值。

(五)基本观点与假设

学院文化是高校下属学院这一学术组织所特有的文化(the culture of the college or school),其实质是一种组织文化,根基是学科文化,主干是学术文化。

(1)学院文化是学院人的群体习惯。学院文化是学院师生员工一贯且一致的生活方式。它会逐渐模式化,成为学院师生员工共享的思维和行为习惯。而一旦成为群体习惯,文化就脱离了具体个人相对独立了。独立了的学院文化,有着"慢慢生成""默默熏染""悄悄运动""渐渐变化"等活动特性。

(2)学院文化"生态地存在"。学院文化一旦生成,就像"有机体"一样有着生命活动,"存活"在学院"小环境"、大学"中环境"、社会"大环境"之中,与环境中其他"生态因子"(所有对学院文化产生影响的人或事物)发生或紧密或松散、或频繁或偶尔的联系。

(3)学院文化具有四大功能。这四大功能即"一主三支"功能——主功能是指紧扣学术性(学院作为学术组织的本质属性)的本体功能,即"定向"(教学、科研等业务开展的方向)与"确标"(开展的方法);支功能则分别是管理功能(导引、凝聚、激励、约束、同化)、育人功能和社会功能(辐射)。

(4)学院文化存在多种状态。首先是"有"或"无"状态——学院师生形成了群体习惯为"有",反之为"无";其次是"一"或"多"状态——只形成一种全体步调一致的文化为"一",如果一开始就形成或后来分裂为若干个小"圈子"文化则为"多";再次是"优"或"劣"状态——发挥"正能量"的文化为"优",反之为"劣";最后是"强"或"弱"状态——文化功能发挥得好为"强",反之为"弱"。呈递进关系的"有""一""优""强"若能结合起来一体化存在,文化便进入了最佳状态——这正是学院文化建设的目标指向。

(5)学院文化可塑、可控。学院多基于一个或几个学科群而建,成员"习相近"、互动多,其文化的可塑性很强;又因规模较小、空间集中,其文化的可控性也好。在此种意义上,与大学文化相比,学院文化就更容易生成与塑造。

第二章

学院文化的实质

"当我们审视文化的本质（人们行动遵循的范式）时会感到震撼，我们现在关于组织的理解是多么的强有力，并且我们可以即刻看到为什么人们要那样做事情、为什么有些提案永远无法通过、为什么变革如此困难、为什么有些人离开组织，等等。正是我们对于那些核心的洞见的追寻和偶然发现，使得一切富有价值。突然之间，我们理解了一家组织；突然之间，我们发现了组织之所以这样运作的原因。"①

---

① 〔美〕埃德加·沙因. 组织文化与领导力:第 4 版[M]. 章凯,罗文豪,朱超威,等,译. 北京:中国人民大学出版社,2014:166-167.

文化是群体成员长期共有的精神体系。① 这个精神体系主要由一套信念、观念、理想、态度等构成。相应地,学院文化是学院成员长期共有的精神体系。② 其中的"学院成员"(或曰"学院人")包含面可窄可宽——窄的话,仅指在学院工作(可包括工作过)的教职员工;宽的话,则包含在读的学生;更宽的话,就可以包括校友(院友)乃至其他与学院有着(或有过)或长久或短暂、或紧密或松散联系的所有人员,像"全球清华经管人"③这一称谓所指的那样。

第一节　内含：精神体系

文化是什么? 人们对其理解不一。有人将其理解得极其宽泛,如"俗常以文字、文学、思想、学术、教育、出版等为文化,乃是狭义的。我今说文化就是吾人生活所依靠之一切,意在指示人们,文化是极其实在的东西。文化之本义,应在经济、政治,乃至一切无所不包"④。而有人则指出,"文化若是无所不包,就什么也说明不了"⑤。实际上,狭义也好,广义也好,全赖研究之目的。也就是说,针对不同的议题,出于不同的研究目的,对其界定的宽窄范围及内涵实质也是不同的。"哲学家们只是用不同的方式解释世界,问题在于改变世界。"(马克思语)本书是关于

---

① 此处"群体",既指内部人与人之间有一定联系的松散型人群,也指联系紧密的正式组织,当然也包括人群与正式组织之间的中间状态——总体来看就是一个关于人的集合的连续谱系,其范围可大可小,大到整个人类,小到两人团体。
② 此处"学院",在本书中主要指高校二级院部(如清华大学经济管理学院),但实际上可包括各式各样高等学校(高等教育机构)内设的各种层次(校内二级、三级、四级等)、各种类型的教学科研单位——教学部、系、学院、学部,研究所、研究中心、研究院,实验室等,因为研究结论同样适用于它们。
③ 2020 年 3 月 19 日,在新冠肺炎疫情全球持续蔓延之际,清华大学经济管理学院发布《致全球清华经管人倡议书》,呼吁:"让我们全球经管人守望相助,凝心聚力,并肩携手,共克时艰。我们相信,全世界终将迎来胜利的曙光。待疫情过后,山河无恙,我们再相约最美清华园,同聚共叙师生情!"
④ 梁漱溟. 中国文化要义[M]. 2 版. 上海:上海人民出版社,2011:7.
⑤ 〔美〕塞缪尔·亨廷顿. 文化的作用[G]//〔美〕塞缪尔·亨廷顿,劳伦斯·哈里森. 文化的重要作用. 程克雄,译. 北京:新华出版社,2002:前言 3.

学院文化的系列研究(本书所展示的只是研究的开端部分),最终是要落地于"改造世界"即学院文化如何塑造,且是便于操作(即可操作性强)的塑造,因此将有所聚焦,从而略偏于文化的狭义界定。

一、精神:文化之主要且根本的方面

文化的范畴,如前所述,可以极其宽广。英文中有两个词——nature、culture。这两个词共享一个词根 ture——物质的状态。如此,世界万物就以两种状态存在:天造的状态(nature)、人造的状态(culture)——翻译成中文,就是"自然"和"文化"。如果词、音、义都按英文的意思翻译的话,实际上应该翻译成"天化"和"人化"。在没有人之前,地球上的万物都是天造的,即"天化"(nature);而人出现之后开始制造一些非天然的物质,这人造的物质就是"人化"(culture)。我们吃的、喝的、穿的、住的、用的,我们写的、画的、唱的、弹的、跳的,我们的政治、经济、军事、制度、法律……都注进了人的思想、感情和智慧,都是人化,都是文化。因此,人类所有活动的总和就构成了人类的文化。① 而一般来说,广义的文化,泛指人类社会实践过程中所创造的一切物质财富和精神财富的总和。这样来看,人类的所有活动及一切活动的成果(物质财富和精神财富)都可归入文化范畴。诚如张楚廷所指:"文化有很宽泛的外延,凡人类创造的物质财富和精神财富及其创造活动,皆可称为文化。这样,文化就包含了文明。"②

梁漱溟先生对于文化的范畴也基本持有以上这种宽泛的看法。但他更多是从人类生活这一宏大的尺度予以界定——"所谓一家文化不过是一个民族生活的种种方面。总括起来,不外三方面:(一)精神生活方面,如宗教、哲学、科学、艺术等是。宗教、文艺是偏于情感的,哲学、科学是偏于理智的。(二)社会生活方面,我们对于周围的人——家族、朋友、社会、国家、世界——之间的生活方法都属于社会生活一方面,如社会组织,伦理习惯,政治制度及经济关系是。(三)物质生活方面,如饮食、起居种种享用,人类对于自然界求生存的各种是。我们人类的生活

---

① 俞强. 自然和文化,天化和人化:《文化生物学》序[N]. 中国科学报,2013-07-15(6).
② 张楚廷. 院校论[M]. 重庆:西南师范大学出版社,2015:107. 对于"文化"与"文明"的界分,有不同的看法,此为其一。文化既然是指人类一切物质生产和精神生产成果的总和,那么,文化就有其发展和丰富的过程。随着各类生产水平的提高,人类的文化也得到不断的发展。文明的出现是文化发展的一个巨大飞跃,文明是物质生产和精神生产达到一个更高水平的体现。这样,我们也可以把文明视为文化的一种特定对象或特定的发展阶段。

大致不外此三方面,所谓文化可从此三方面来下观察。"①

综上所述,就文化而言,"精神生活方面"是其中最为主要、最为根本的。诚如学者们所指明的,"文化主要代表的是人类精神面"②,因为"在文化的所有层面中,最具有内在性、最能体现文化的超越性和创造性本质特征的是精神文化。换言之,人与动物和其他存在物最本质的差别之一便在于人具有一个精神世界"③——"一个文化世界"④。精神之于人是极重要、极宝贵的,特别是对成就事业而言。著名社会学家韦伯就曾提出一个著名的社会学假说,即任何一项伟大事业的背后都存在着一种支撑这一事业并维系这一事业成败的无形的文化精神,他称之为"社会精神气质"(ethos)。

从"文化"的字面意思来看,"'文'字着重表达的是精神,指人的认知、情意、信念等精神或思想方面"⑤。而究其实质,"何以为文?有人文一词,指的是人的精神面,而不是人的肌肉、骨骼;主要是心理,而不是生理,是指人的观念、信仰、态度、追求等等。故而,文常与典雅、庄重、高贵相连"⑥。

总之,文化"是人类特有的……文化即人的精神,精神活动皆为文化活动,精神产品皆为文化产品"⑦。

行文至此,必须提及制度文化特别是物质文化以及它们与精神文化的关系问题了。

对于这一问题,笔者认为张楚廷给出了很好的解答。他说:"文化有物质文化与精神文化之分……所谓物质文化乃是指附着于一定物质的观念、情意,是指它含有的意蕴。比如一座建筑物,它是物质的,但它可能体现着某种意念,甚至反映着民俗、风情。故而物质文化所指的仍然还是精神面。一坯普通的泥土,一粒普通的砂石,无所谓文化。"⑧"当我们说物质文化的时候,说的是附着于相关物质上面的人的精神,如每一座桥梁的造型,每一件衣服的设计,物质产品和精神产品上

①　梁漱溟. 东西文化及其哲学[M]. 北京:商务印书馆,2010:20.
②　张楚廷. 大学文化与传统[J]. 高等教育研究,2012,33(6):2.
③　衣俊卿. 文化哲学十五讲[M]. 北京:北京大学出版社,2004:56.
④　张楚廷. 人论[M]. 重庆:西南师范大学出版社,2015:54.
⑤　张楚廷. 人论[M]. 重庆:西南师范大学出版社,2015:181.
⑥　张楚廷. 大学文化与传统[J]. 高等教育研究,2012,33(6):1.
⑦　张楚廷. 大学的文化自觉初论[J]. 现代大学教育,2010(3):20.
⑧　张楚廷. 大学文化与传统[J]. 高等教育研究,2012,33(6):2.

凝结的都是文化,是人的意念。"①他对此更为深入详细的分辨剖析如下。

只有凝结在物质上的精神才是文化,且称之为物质文化。什么样的物质凝结有人的精神呢?一般的,自然形态的物质并未凝结有人的精神,而只有经过人的加工改造过的物质,我们才会看到人的精神,例如房屋、桥梁、飞机、轮船……那宫殿,那大厦,那横跨海峡的隧道或桥梁,那金字塔,那古长城,那比萨斜塔,那凯旋门……在它们身上我们看到人的精神,那就是文化,物质文化。有时也说它们本身即文化,而实质是指凝结于其上的精神,只是,因为它们(即相应的精神与相应的物质)已不可分割地联系在一起,所以也不必刻意地分开来说。

人在对物质进行加工改造或变革的过程中,把自己的思想、风格、信仰、追求……汇聚于其上,这样形态的物质便具有了文化的性质(或含义)。

有些特殊形态的自然物质,它们未经人类的改造或加工,却为何也在一定的意义下具有了文化的性质,例如,那巍峨的昆仑,那秀丽的黄山,那仙境般的张家界,那奔腾的长江、黄河……实际上,人们把自己的想象,把自己的审美,把自己的情感与它们联系起来了。这些自然物所体现的精神面并非人类行为的结果,却是通过人的移情而产生的一种天人合一的效果。它们在这种意义下(通过纯情意的移植)也成为物质文化。

大体上,我们可以把文化划分为物质文化与精神文化两大类。物质文化其实也是指精神面,却又是特指凝聚于物质之中(或之上)的精神,它又可以分为两种,一种是由直接的凝结产生的,另一种是间接的移情所产生的。

精神文化也可以分为两种,一种是借助于某种载体(如纸张、芯片、音像)而存在的精神产品,多为知识形态的文化;另一种只是存在于人的心灵中,例如习俗、宗教、信仰、传统观念,乃至某些仪式、道德信念等等。后一种有些也作为知识存在于某种载体(如文本)中,但不全是这样的。

上述精神文化中所提到的那类载体也是物质,但它们与物质文化之中的物质的差别就在于,它们是纯粹作为精神或文化的载体而存在的。这种差别,可以理解为作为人的制造物的纸张和已经写满了文字的纸张

---

① 张楚廷. 人论[M]. 重庆:西南师范大学出版社,2015:61.

之间的差别,前者是作为物质而凝结着某种文化,后者是作为载体而满载着文化,前者因制造的过程而有了文化,后者因有了文化而完成它进一步的使命。①

这就是物质文化与精神文化之区别。如果需进一步明晰物质文化及制度文化与精神文化之间关系的话,有句论说最为经典:"真正的精神文化不应是外在于物质文化和制度文化的独立的东西,而是内在于物质文化和制度文化,内在于人的所有活动的深层的机理性的东西,而物质文化和制度文化都是精神文化的外在表现或物化形式。"②

综上所述,精神在文化中占有主要的、根本的地位。基于此,本书将文化的界定聚焦、锁定于其精神面,尤其是本书关涉的是大学之学院的文化问题,而"大学是一块特别看重精神的园地"③,大学本身应成为"永无止境的精神追求的大学"④,这就更需要突出文化之精神面了。

诚然,"大学文化主要是指大学的神性,而不是它的物性"⑤。"在大学的时间隧道里存在的主要是精神,在大学具有无限性的空间里,主要是精神财富。虽然这一切都可能依托于一定的物质,但不依赖于物质。"⑥

具体到人而言,"精神生活更好地代表了人这一独特的生命体"⑦,特别是对像大学师生(学者、学子)这样的知识分子而言。兹举两例体会之。

1951年考入北京大学经济系,现为北京大学光华管理学院名誉院长的北京大学资深教授厉以宁先生在回忆文章《难忘的大学生时期——纪念北京大学经济学院一百周年院庆》里写道:"20世纪50年代前半期的北京大学兼有北大悠久的重民主、重科学的传统,又有解放后社会主义大学的一些新特点……无论教师还是学生,当时都能从解放前后的对比、旧中国和新中国的对比中受到教育,大家都关心国家的建设,关心人民生活状况的改善。这是多么重要的学习积极性的根源啊!当时大家都有投身于祖国建设,愿意为社会主义事业贡献力量的愿望。这种

---

① 张楚廷. 大学的文化自觉初论[J]. 现代大学教育,2010(3):20-21.
② 衣俊卿. 文化哲学十五讲[M]. 北京:北京大学出版社,2004:57.
③ 张楚廷. 高等教育哲学通论[M]. 北京:高等教育出版社,2010:376.
④ 〔德〕雅斯贝尔斯. 教育是什么[M]. 邹进,译. 北京:生活·读书·新知三联书店,1991:140.
⑤ 张楚廷. 院校论[M]. 重庆:西南师范大学出版社,2015:78.
⑥ 张楚廷. 高等教育哲学通论[M]. 北京:高等教育出版社,2010:361.
⑦ 张楚廷. 高等教育哲学[M]. 长沙:湖南教育出版社,2004:11.

精神在建国初期是非常突出的。"①

北京大学经济学院萧灼基教授也在北京大学经济学院100周年院庆时写过一篇《一生从教情未了》的回忆文章,深情抒发了作为一名人民教师因从事教育事业这一富足的精神生活而享有的"最富有的职业,最幸福的人生":

> 我1959年研究生毕业,来到北大经济系(经济学院)工作,至今已经50多年……燕园拥有中国最优秀的研究环境,也洋溢着以天下为己任的精神。在这里,我找到了学术研究与经世济民的最佳结合点。……从讲师、副教授到教授,在短短6年间,到1986年被国务院学位委员会批准为第一批博士生导师……我决心为国家……培养30名博士,如今已经远远超出了计划,再加上培养的一批批本科生,指导的硕士生、进修教师、访问学者、博士后,到底教育和培养了多少学生,自己也很难计算清楚。他们有的已成为教授、博士生导师;有的在党政军部门担任重要领导职务;有的已成为事业有成的金融家、企业家等。我时常说,我是最富有的,因为我拥有最富有的职业,我有这么多优秀的学生。

> 马克思认为,一个人只有选择为人类服务的职业,只有为人类最大多数人的幸福而工作,才是高尚的人,才能得到真正的幸福,才有不可摧毁的精神力量。曾有人劝我,教书太累,退休后,好好享享清福吧。我则笑着说"教书对我而言,不仅仅只是我的谋生工作,也是我的乐生要素。"教书育人是我无悔的选择,是生活和工作的目标。我把一生献给了教育事业,因此,我也是最幸福的人,拥有最幸福的人生。②

二、体系:由信念、观念、理想、态度等构成

人的精神生活是丰富的,精神世界是博大的,从而以精神面为主体的文化也是丰富而博大的。

被称为"人类学之父"的英国人类学家爱德华·泰勒曾给文化下过一个经典

① 厉以宁.难忘的大学生时期——纪念北京大学经济学院一百周年院庆[G]//北京大学经济学院.百年华章:北京大学经济学院(系)100周年纪念文集.北京:北京大学出版社,2012:26.
② 萧灼基.一生从教情未了[G]//北京大学经济学院.百年华章:北京大学经济学院(系)100周年纪念文集.北京:北京大学出版社,2012:52.

的定义："文化,或文明,就其广泛的民族学意义来说,是包括全部的知识、信仰、艺术、道德、法律、风俗以及作为社会成员的人所掌握和接受的任何其他的才能和习惯的复合体。"① 这里的"复合体"一词,实际上强调了文化的一种复合性(complexity),即文化是由多元件构成的复合体。②

　　爱德华·泰勒对文化给出的如上界定得到了众多学者的认可,一直以来被广泛引用。如莱斯利·A. 怀特就评价道："泰勒给出的文化的定义,直到最近仍可能是最令人满意的"③;并且,他对文化的定义也强调了文化的复合性,只不过他用了"综合"一词："文化是依赖于符号的使用而产生的现象的综合——行为(各种类型的行为)、物体(工具、由工具制成的产品)、观念(信仰、知识)和感情(态度、'价值')。"④

　　尽管"文化是由多元件构成的复合体"这一观点是较为公认的,但文化究竟由哪些元素构成,则众说纷纭。对此,除了以上两个定义对"多元件"做出了不尽相同的列明之外,仍可举出多例,如塞缪尔·亨廷顿认为,"我们是从纯主观的角度界定文化的含义,指一个社会中的价值观、态度、信念、取向以及人们普遍持有的见解"⑤。再如张楚廷认为,文化"指的是人的精神面……是指人的观念、信仰、态度、追求等等"⑥。

　　笔者对文化构成之"多元件"思索甚久,终有一得:信念、观念、理想、态度是文

①　〔英〕爱德华·泰勒. 原始文化[M]. 连树声,译. 上海:上海文艺出版社,1992:1. 另有译文:"文化或者文明,就其广泛的民族学意义而言,是指这样一个复合整体,它包含了知识、信仰、艺术、道德、法律、习俗以及作为一个社会成员的人所习得的其他一切能力和习惯。"转引自:〔美〕杰里·D. 穆尔. 人类学家的文化见解[M]. 欧阳敏,邹乔,王晶晶,译. 北京:商务印书馆,2009:13.

②　元件一般指的是小型的机器、仪器的组成部分,其本身常由若干零件构成,即每个元件可由多个独立的元素组合而成。此处是借用。实质上,笔者认为,可通俗地将元件理解为"由元素组成的构件"。

③　〔美〕莱斯利·A. 怀特. 文化科学——人和文明的研究[M]. 曹锦清,等,译. 杭州:浙江人民出版社,1988:84.

④　〔美〕莱斯利·A. 怀特. 文化科学——人和文明的研究[M]. 曹锦清,等,译. 杭州:浙江人民出版社,1988:133.

⑤　〔美〕塞缪尔·亨廷顿. 文化的作用[G]//〔美〕塞缪尔·亨廷顿,劳伦斯·哈里森. 文化的重要作用. 程克雄,译. 北京:新华出版社,2002:前言 3.

⑥　张楚廷. 大学文化与传统[J]. 高等教育研究,2012(6):1.

化中极重要的四大"元件"①。四者的内涵、性质、地位以及相互关系将在下一章详细论述。

这里,需要进一步予以强调的是,文化不仅是复合的,还是整合的。

所谓"整合",首先指的是,文化是一个整体系统。跨文化传播(交际)学的奠基人、美国人类学家爱德华·霍尔指出,"文化是整体的系统(由相互关联的成分构成,每一部分在功能上与其余各部分相联系)"②。整体意味着将多种要素,例如"人们互动时观察到的行为规范""群体规范""信奉的价值观""正式哲学""游戏规则""气氛""潜入的技能""思维习惯、心智模式和(或)语言范式""共享意义""深层隐喻'或综合象征""正式仪式和庆典"③等"整合到一个更大的范畴中,这个范畴将各种不同的元素结合在一起并将它们固化到一个更深的层次上。文化意味着惯例、气氛、价值观以及行为互相融合成为一个整体"④。

更为重要的是,整合指这个整体系统内的各要素之间是契合一致的。诚如学者们所讲,"我们说文化是整合的,指的是构成文化的诸要素或特质不仅仅是习俗的随机拼凑,而是在大多数情况下相互适应或和谐一致的"⑤。"文化在本质上是趋于整合的,各种文化特质形成一种具有内在统一精神和价值取向的文化模式"⑥——这些论述中的"相互适应""和谐一致""内在统一"皆有整合之意。而有的学者更为直观地将整合的文化比喻成一个完满、和谐的人:"文化行为同样也是

---

① 此文化四元素,现在看来,同亨廷顿、张楚廷的理解极为接近。先看前者所列"价值观、态度、信念、取向以及人们普遍持有的见解":"价值观",即观念;"态度",同本书所提"态度";"信念",同本书所提"信念";"取向",即态度,近理想;"人们普遍持有的见解",也即观念。再看后者所列"观念、信仰、态度、追求":"观念",同本书所提"观念";"信仰",即信念;"态度",同本书所提"态度";"追求",即理想。
② 〔美〕爱德华·霍尔. 超越文化[M]. 何道宽,译. 北京:北京大学出版社,2010:196.
③ 〔美〕埃德加·沙因. 组织文化与领导力:第4版[M]. 章凯,罗文豪,朱超威,等,译. 北京:中国人民大学出版社,2014:13-14.
④ 〔美〕埃德加·沙因. 组织文化与领导力:第4版[M]. 章凯,罗文豪,朱超威,等,译. 北京:中国人民大学出版社,2014:15-16.
⑤ 〔美〕卡·恩伯,梅·恩伯. 文化的变异——现代文化人类学通论[M]. 杜杉杉,译. 沈阳:辽宁人民出版社,1988:47. 转引自:衣俊卿. 文化哲学十五讲[M]. 北京:北京大学出版社,2004:11.
⑥ 衣俊卿. 文化哲学十五讲[M]. 北京:北京大学出版社,2004:12-13.

趋于整合的。一种文化就如一个人,是一种或多或少一贯的思想和行动的模式。"①"文化是历史地凝结成的稳定的生存方式,其核心是人自觉不自觉地建构起来的人之形象。"②

最后需要指明的是,整合作为文化的重要特质是有存在的必然性的。埃德加·沙因就特别看重文化的这种特质,并就其存在必然性得出如下论述:"这种模式化或整合则是我们所指'文化'的实质。这种模式化或整合根本上源于人类需求,即尽我们所能使我们的环境变得合理和有序。"③文化是"人类寻求稳定性、一致性以及有意义的结果……文化的形成总是朝着模式化以及整合的方向努力,尽管在很多群体内,其实际经验历史妨碍了其形成一种清晰明确的范式"④。

第二节　属性：长期共有

文化是群体成员长期共有的精神体系,学院文化是学院成员长期共有的精神体系——这其中的"长期共有",揭示出文化、学院文化的本质属性。

何谓本质属性? 如果"我们把本质视为'事物本身所固有的'、永久的,视为存在,视为一种不依意识为转移的东西"⑤,那么,本质属性就是事物所固有的、不依意识为转移的永久的属性。"长期共有"就是文化、学院文化所具有的此种属性。

"文化是我们所有非生物属性的、世代相传的特征的共同继承"⑥——这句论断中的"世代相传"(即"长期")、"共同继承"(即"共有"),就一针见血地指明了文化的本质属性。

---

① 〔美〕露丝·本尼迪克特. 文化模式[M]. 孙燕,傅铿,译. 杭州:浙江人民出版社,1987:45. 转引自:衣俊卿. 文化哲学十五讲[M]. 北京:北京大学出版社,2004:13.
② 衣俊卿. 文化哲学十五讲[M]. 北京:北京大学出版社,2004:18.
③ 〔美〕埃德加·沙因. 组织文化与领导力:第4版[M]. 章凯,罗文豪,朱超威,等,译. 北京:中国人民大学出版社,2014:16.
④ 〔美〕埃德加·沙因. 组织文化与领导力:第4版[M]. 章凯,罗文豪,朱超威,等,译. 北京:中国人民大学出版社,2014:17.
⑤ 张楚廷. 高等教育哲学[M]. 长沙:湖南教育出版社,2004:395-396.
⑥ 〔美〕丹尼尔·A. 雷恩,阿瑟·G. 贝德安. 管理思想史:第6版[M]. 孙健敏,黄小勇,李原,译. 北京:中国人民大学出版社,2014:5.

张楚廷曾言:"当我们议论某所大学时,恐怕十分严厉的评价是说'它的文化很浅',而更严厉的评价是'它没有文化'。"①何以评价文化"很浅"抑或"没有"呢?其根本的依据应是组织成员在多大程度上(抑或是否)长期共有某种精神体系。

一、共有

共有即共同持有——这是文化的最首要的本质属性。正如美国人类学家卡·恩伯、梅·恩伯夫妇所指出的,"如果只有一个人在想某个问题或做某件事,那么这个行为代表的是个人的习惯,而不是一种文化模式。这是因为,一种被认为是文化的思想和行为必须被一处居民或一群人所共同享有;即使不被共同享有,如果大多数人认为合理,也可以被视为文化的观念和行为"②。共有意味着以信念观念、理想态度为主要构成的精神体系在组织成员心目中存在的普遍性,即绝大多数乃至全体成员,特别是其中的高层管理人员(尤其是"最高首脑")认同、接受、践行某套信念观念、理想态度——坚守着共同的理想信念,秉持着一致的观念态度,也就是我们平常所说的"志同道合"。

普遍性即群体性。"文化具有群体性,它是历史积淀下来的被群体所共同遵循或认可的共同的行为模式。因此,文化对于个体的存在往往具有先在的给定性或强制性。个人的偶尔的行为,或者只被某个人所运用而不为群体认可的行为方式构不成文化模式。"③可见,共同认可、共同遵循,即共有,是文化之所以为文化的基本特征。从此意义上来说,文化就是"广泛存在的社会习惯"④。这种社会习惯,

① 张楚廷. 高等教育哲学[M]. 长沙:湖南教育出版社,2004:351.

② 〔美〕卡·恩伯,梅·恩伯. 文化的变异——现代文化人类学通论[M]. 杜杉杉,译. 沈阳:辽宁人民出版社,1988:29-30. 转引自:衣俊卿. 文化哲学十五讲[M]. 北京:北京大学出版社,2004:17.

③ 衣俊卿. 文化哲学十五讲[M]. 北京:北京大学出版社,2004:17.

④ 需注意的是,文化是社会习惯,但并非所有社会习惯都是本书所特指的作为"群体成员长期共有的精神体系"的文化,而仅仅是单纯的生活习惯而已。如清华大学对本科生班级有独一无二的称呼,就是以入校年份的最后一个数字来命名的"某字班",举例来说,2005年入校的本科生被称为"五字班",2006年入校的本科生被称为"六字班"(参见:钱颖一. 大学的改革:第二卷[M]. 北京:中信出版社,2017:109.). 又如,"中国农业大学国际学院简称'国院',我们一直亲切地称之为'果园',如其名,果园为我们的学习生活成长提供了广阔的平台和充足的养料,每个'果园人'都可以在这儿找到绽放自我的机会"。(引自:刘佳承. 忆"果园"往事,念师生真情——写于研究生毕业季[G]//黄冠华,陈明海. 再回首:中国农业大学国际学院建院25周年. 北京:中国农业大学出版社,2019:56.)。

不仅包括历史积淀下来的被群体所共同遵循或认可的共同的行为模式,还包括被大家共同接受的规范、价值、实践信念和假设。罗伯特·波恩鲍姆在《学术领导力》里就将高等教育的文化定义为:"在高等教育机构内部对个人或群体行为起指导性作用的、能够为校内外发生的事件和行为提供一种解释性框架的、经由相互作用所形成的被大家共同接受的规范、价值、实践信念和假设。"①

对于文化的共有属性,张楚廷也在其著述中多有论及。如"并非凡观念皆为文化,并非学校领导人有多少观念就有多少进入学校观念文化。我们只把那些业已附着于学校主流人群的观念视为大学观念文化"②。再如,"并非什么观念都会是风,只有那些普遍存在或普遍认可的观念才会是风。并非什么样的信仰都会是风,只有那些主流人群共同的信仰才可能是风。你看重什么,你崇尚什么,你欣赏什么,你尊重什么,你追求什么,这就是观念、信仰和态度。而那些主流人群所看重、所崇尚、所欣赏、所尊重、所追求的,就是风。风是一种流动的观念文化"③。——他用"风"来概括表达的在"主流人群"中"普遍存在或普遍认可"的观念、信仰和态度,就是带有共有属性的文化。

二、长期

文化是群体成员长期共有的精神体系,共有之长期性,是文化的又一本质属性。长期即一以贯之、持之以恒,指的是组织的大多数乃至所有成员都持之以恒、一以贯之地秉持、坚守并践行某一信念、观念、理想、态度等文化要素。

长期,必定呈现出一种薪火相传、代际传承的景象,正如罗伯特·G.欧文斯所说,"和一般文化一样,组织文化的一个重要方面是要经历一代又一代人"④。而清华大学经济管理学院(简称"清华经管学院")堪称此方面典范。该院集经济学科与管理学科为一体,是中国培养经济类、管理类精英人才的摇篮。它成立于1984年,但其渊源可以追溯到1926年清华大学成立的经济学系。1928年,28岁的陈岱孙先生担任清华大学经济学系系主任,他后来成为中国经济学教育的开山

① 〔美〕罗伯特·波恩鲍姆. 学术领导力[M]. 周作宇,等,译. 北京:北京师范大学出版社,2008:7-8.
② 张楚廷. 规划与信仰[J]. 高等教育研究,2006,27(7):32-33.
③ 张楚廷. 院校论[M]. 重庆:西南师范大学出版社,2015:88.
④ 〔美〕罗伯特·G.欧文斯. 教育组织行为学:第7版[M]. 窦卫霖,温建平,王越,译. 上海:华东师范大学出版社,2001:197.

泰斗。"今天的清华大学经济管理学院,同 1926 年建立的、以陈岱老为系主任的经济学系的历史渊源一脉相承。"①1984 年,清华大学经济管理学院成立,首任院长是朱镕基。他在 1994 年写给全院师生的一封信里提出:"敢于借鉴、引进世界上一切优秀的经济管理学院的教学内容、方法和手段,结合中国的国情,办成世界第一流的经管学院。"2007 年,时任院长钱颖一说:"从此,建设世界一流的经济管理学院就成为我们学院的愿望。学院的历任院长,从老院长朱镕基,到第二任院长赵纯均,第三任院长何建坤,都为此做出了卓越的贡献,使得学院有了今天的成绩和地位。我非常荣幸地自去年(2006 年)9 月开始担任清华经管学院的第四任院长,我和学院现任领导班子的志向同过去的学院领导们是一脉相承的。"②

　　长期,也必定与稳定相连。正如埃德加·沙因所指出的,文化"意味着稳定和刚性"③,即"文化隐含了群体中某种程度的结构稳定性。当我们说某物是'文化的',意思是它不但被共享而且很稳定"④。正是从这个意义上,埃德加·沙因强调,"文化是一个团体或者组织的最稳定、可塑性最低的那些要素"⑤。这其中的奥秘在于,文化作为人们的精神体系,是隐性的,且有时是潜在的,而"……当某种事物隐藏得越深时,它往往也越具有稳定性"⑥。文化之稳定,会成为一种维系组织长久存在并岿然不动的重要基石。正如埃德加·沙因所进一步分析的,文化"界定了群体属性。但我们获得某种程度上的组织认同后,这种组织认同作为文化的关键组成部分,将成为组织得以维系的稳定力量而且不会轻易地被放弃。就算群体中的一些成员已经离开,文化仍会存在"⑦。

　　综上,长期、共有是文化固有的本质属性。这也正是文化之所以成为社会习

---

① 2000 年清华大学前校长王大中在陈岱孙先生塑像揭幕式上如是说。

② 钱颖一. 大学的改革:第二卷[M]. 北京:中信出版社,2017:110-111.

③ 〔美〕埃德加·沙因. 组织文化与领导力:第 4 版[M]. 章凯,罗文豪,朱超威,等,译. 北京:中国人民大学出版社,2014:3.

④ 〔美〕埃德加·沙因. 组织文化与领导力:第 4 版[M]. 章凯,罗文豪,朱超威,等,译. 北京:中国人民大学出版社,2014:15.

⑤ 〔美〕埃德加·沙因. 组织文化与领导力:第 3 版[M]. 马红宇,王斌,等,译. 北京:中国人民大学出版社,2011:9.

⑥ 〔美〕埃德加·沙因. 组织文化与领导力:第 4 版[M]. 章凯,罗文豪,朱超威,等,译. 北京:中国人民大学出版社,2014:15.

⑦ 〔美〕埃德加·沙因. 组织文化与领导力:第 4 版[M]. 章凯,罗文豪,朱超威,等,译. 北京:中国人民大学出版社,2014:15.

惯的根本缘由。具体到学院而言,这种社会习惯会因学院人长期共有某种信念、观念、理想、态度而引领学院走向成功。北京大学原校长林建华曾总结道:"在过去一些年,北大也有一些院系能够始终保持稳定和强劲的发展势头,而这些院系的领导并没有什么特别的过人之处。但有一个很重要的特点,就是院系的制度文化比较好。制度文化不仅仅是写在纸上的制度和规范,也是大家接受并能够实际执行的制度和规范,是已经成为人们习惯的制度和规范。良好的制度文化,再加上领导班子的职业精神,能够尊重和坚守学院的制度文化和价值观,我想,这就是成功的秘诀。"①

---

① 林建华. 校长观点:大学的改革与未来[M]. 上海:东方出版中心,2018:8-9.

第三章

学院文化的结构

　　"文化是某类独特现象的名称,即那些依赖于某种心理能力,特别是依赖于我们称之为'符号活动'的人类心理能力的运用而形成的事物和事件的名称。更具体一点说,文化是由实物(工具、器皿、装饰品、护身符等等)、行为、信仰和态度所组成的,它们都通过符号而发挥作用。"①

---

① 〔美〕莱斯利·A. 怀特. 文化科学——人和文明的研究[M]. 曹锦清,等,译. 杭州:浙江人民出版社,1988:347-348.

人,不仅是社会动物、政治动物,还是文化动物,按张楚廷的说法,"人是文化的存在"①。正常情况下,每个人在待人、处事、接物时,脑海里总会有一个文化系统(即精神体系)在自动发挥作用。这个文化系统内部是如何构造的(涉及成分、内核、外围、要素等问题)? 它的外显表征又是怎样的(涉及表达问题)?

第一节　成分：理性—感性

解析文化的内部构造,首先应分析其成分。而分析文化的成分就必须深究人之为人的根本所在——人性。

一、理性动物与感性动物

"人最伟大的方面莫过于人的思想、人的想象力,它可以穿透几乎所有的事物而入木三分,人还有支撑这些东西的无限情感和意志。"②作为"宇宙之精华,万物

---

① 张楚廷. 人论[M]. 重庆:西南师范大学出版社,2015:59-61.
② 张楚廷. 改革路上:张楚廷口述史[M]. 武汉:华中科技大学出版社,2019:280.

之灵长"的人,既是理性的,又是感性①的,是两者的统一体②。

　　理是天地、自然万物及人存在的根据,既是人、事、物存在及活动(运动)的原理、规律,也是伦理道德方面的原则、规范。"人能够作为不抱幻想而具有理智的人来思考"③,因为,"人类具有特殊的脑组织,于是,人有了自我意识,有了思想,有了可以让思想越来越丰富的可能,通过求知而实现这种可能;于是,意识、思想、求知,一起成了人的本性"④。因此,"理性,作为人的神圣部分,是脱离他身上的动物性的,实际上属于另外一种本性"⑤。

---

① 也有学者不用"感性",而用"非理性"一词来与"理性"相对。张楚廷不赞成用"非理性",他是这样辩证地分析的:"这个非字很管用,有了它,一分为二就都好办了。但是,在认识上,它并不能帮我们多大忙。……'非'字的优点是概括性很强,把事物的另一面都讲进去了;缺点是,对于那另一面也只能糊里糊涂的。"本书认同这一分析。见:张楚廷. 高等教育哲学[M]. 长沙:湖南教育出版社,2004:308-309.

② 关于这一点,坊间有若干论说。有说法云,若将人类与动物放在一起来看,人类会产生情感,动物也会产生情感,并且两者都有被情绪主导的现象。可以说,凡是人都是感性的,都会有某种情绪在身体里面生发,进而主导自己的行为,让人情不自禁地去做一些事情。而理性则是人区别于动物的重要方面。理性实质上就是人在自己心中设置的一道墙、一道心理防线。这道墙、这道防线,既可以在自己情绪高涨时阻挡着,不外现(隔内);也可以在他人向你传达某种情绪时起阻挡作用,不受感染(阻外)。还有说法是,人首先是理性的,其次是感性的。人与动物的根本区别在于理性,而非感性。感性并非是人类专有的,而理性是。我们既是动物,又是人,是额外拥有理性能力的人。人的理性来源于人的思维,思维的结果产生思想(人类有了思想从而推动人类社会进步。当然有时也会阻止人类社会进步,甚至导致退步)。除了理性,人身上又同时存在感性。人不可能是纯粹感性的生物,那样人就与动物相同了。人也不可能是纯粹理性的,那样人也就不再为人,与机器雷同了。因此,人是感性与理性同时存于一身的生物,只是在不同的环境下表现出不同的性状而已——和谐生活时,感性多一些,比如恋爱时;为生存而奋斗时,比如战斗、生产、学习时,会表现得更理性化。正是人类兼具理性与感性的双重属性,才使人类的生活更加丰富生动、多姿多彩,也更为有滋有味。也有人分析道,弗洛伊德建立了精神分析学,他认为人的精神生活包括意识部分和无意识部分。意识部分小而不重要,非意识部分才是人类行为背后的驱动力。人类社会几千年在民间都是无意识部分占据了主导,意识部分自工业革命起占据了越来越重大的部分。意识部分,也就是理性部分,正在迅速占领全世界每个人的头脑。可以说人类发展的过程就是理性战胜感性的过程。

③ 张楚廷. 高等教育哲学[M]. 长沙:湖南教育出版社,2004:377.

④ 张楚廷. 高等教育哲学[M]. 长沙:湖南教育出版社,2004:300.

⑤ 〔美〕威廉·巴雷特. 非理性的人[M]. 段德智,译. 上海:上海译文出版社,2012:108.

感性同样是人区别于动物的另外一种本性。此种本性,关乎人为什么要去做事情,甚而关乎人为什么要活着。梁启超曾说:"理性只能叫人知道某件事该做,某件事该怎样做,却不能叫人去做事;能叫人去做事的,只有情感。"①因为,"感情、欲望、苦乐等等是引发一切行为的原动力"②。

原动力,张楚廷理解为冲动——"生命即存在,存在即冲动"。"要成为完整的人全在于自身的不断努力和对自身的不断超越,并取决于日常生活的指向、生命的每一瞬间和来自灵魂的每一冲动。"③冲动又来自哪里?来自对人的深厚感情、对事业的高度负责:"当我想到这些学生,想到他们的父母的殷切期望,还想到要对得起自己的民族,对得起教育事业,我就有使不完的劲。"④

实际上,感性较之理性,更能体现人的"神秘";若一味强调理性之存在,将导致"人的神秘感的消失",而"关于人的神秘感的消失,必然导致把人看得越来越小了,越来越微不足道了"。⑤

总体来说,为了让生活能够进行并有所"成"⑥,既需要理性,也需要感性——"有了理性,人将为人;没了非理性,人将不人"⑦。对于这样的论断,恩斯特·卡西尔在其名作《人论:人类文化哲学导引》中有过精彩论述。

他首先肯定了"人是理性动物"一说,指出"尽管现代非理性主义作出了一切努力,但是,人是理性的动物这个定义并没有失去它的力量。理性能力确实是一切人类活动的固有特性"⑧。他特别以基于"判断的精神"("在存在与非存在、真实与虚妄、善与恶之间的批判审辨精神")的"判断力"及"数学理性"在人类生活中对秩序的把握尤其是在"真正理解宇宙秩序和道德秩序"上所起的"清晰而明确"的洞察作用为例,阐发了理性之能力。他提出,"生活本身是变动不定的,但是生活

---

① 转引自:冯友兰. 三松堂全集:第 1 卷[M]. 郑州:河南人民出版社,1985:556.
② 王海明. 人性论[M]. 北京:商务印书馆,2005:60.
③ 〔德〕雅斯贝尔斯. 教育是什么[M]. 邹进,译. 北京:生活·读书·新知三联书店,1991:1.
④ 张楚廷. 改革路上:张楚廷口述史[M]. 武汉:华中科技大学出版社,2019:8.
⑤ 张楚廷. 高等教育哲学[M]. 长沙:湖南教育出版社,2004:411.
⑥ "成"指全、成功、成就等。
⑦ 张楚廷. 高等教育哲学[M]. 长沙:湖南教育出版社,2004:343-344. 客观地说,动物实际上也是有理性与感性的,只是人的理性与感性相较之是高度发达的(或者说,是可以高度发达的)。
⑧ 〔德〕恩斯特·卡西尔. 人论:人类文化哲学导引[M]. 甘阳,译. 上海:上海译文出版社,2013:44.

的真正价值则应当从一个不容变动的永恒秩序中去寻找。这种秩序不是在我们的感官世界中,而是只有靠着我们的判断力才能把握它。在人那里,判断力是主要的力量,是真理和道德的共同源泉。因为只有在判断力上,人才是整个地依赖于他自己的,判断力乃是自由、自主、自足的"①。其中,"数学理性是人与宇宙之间的纽带,它使得我们能够自由地从一端通向另一端。数学理性是真正理解宇宙秩序和道德秩序的钥匙"②。正因如此,"在所有伟大的唯理主义体系中,数学一直被看成是人类理性的骄傲——'清晰而明确的'观念之领地"③。

　　然而,恩斯特·卡西尔随即也指明,"对于理解人类文化生活形式的丰富性和多样性来说,理性是个很不充分的名称"④。不仅在理论领域,"即使在实践领域,人也并不生活在一个铁板事实的世界之中,并不是根据他的直接需要和意愿而生活,而是生活在想象的激情之中,生活在希望与恐惧、幻觉与醒悟、空想与梦境之中"⑤。"想象的激情""希望与恐惧""幻觉与醒悟""空想与梦境"正是人之感性的场域。他以兼具理性与感性的语言为例进一步说明,即便是"语言常常被看成等同于理性的,其或就等同于理性的源泉",但"与概念语言并列的同时还有情感语言。与逻辑的或科学的语言并列的还有诗意想象的语言",何况"语言最初并不是表达思想或观念,而是表达情感和爱慕的"⑥。

二、何为理性、感性

　　对于理性与感性的内涵与外延,本书做如下界定。

　　理性是指人在待人、处事、接物中表现出的遵守规范、遵照规律的有关"逻辑"

① 〔德〕恩斯特·卡西尔. 人论:人类文化哲学导引[M]. 甘阳,译. 上海:上海译文出版社,2013:14-15.
② 〔德〕恩斯特·卡西尔. 人论:人类文化哲学导引[M]. 甘阳,译. 上海:上海译文出版社,2013:30.
③ 〔德〕恩斯特·卡西尔. 人论:人类文化哲学导引[M]. 甘阳,译. 上海:上海译文出版社,2013:100-101.
④ 〔德〕恩斯特·卡西尔. 人论:人类文化哲学导引[M]. 甘阳,译. 上海:上海译文出版社,2013:45.
⑤ 〔德〕恩斯特·卡西尔. 人论:人类文化哲学导引[M]. 甘阳,译. 上海:上海译文出版社,2013:43-44.
⑥ 〔德〕恩斯特·卡西尔. 人论:人类文化哲学导引[M]. 甘阳,译. 上海:上海译文出版社,2013:44.

之"真"的根植着科技思维的人性特质。它属于智商范畴,关涉事实层面的真或假问题(是什么),处于有意识状态,偏重"理""认知""理智""规矩""道理"(科技范畴之"道"),尊崇客观规律性,讲求必然(一定会),从而与做成事情(可不可、行不行)所需的"智""才""判断力""聪明劲"以及方向、方法有关。在组织层面上,理性最终体现为路线、方针、政策等。

感性是指人在待人、处事、接物中表现出的成就心愿、追求意义的有关"伦理"之"善"的洋溢着人文气息的人性特质。它属于情商范畴,关涉价值层面的对或错问题(应如何),处于无意识状态,偏重"情""情感""感情""性情""德行"(人文范畴之"德"),尊崇主观能动性,讲求必须(一定要),从而与做成事情(想不想、能不能)所需的"仁""德""事业心""精气神"以及动力、能力有关。① 在组织层面上,感性最终体现为氛围、风气、干劲等。

梁漱溟在《东西文化及其哲学》中论及"无私的感情发乎人心。人心是当人类生命从动物式本能解放出来,其本能退归工具地位而后得以透露的。唯此超居本能、理智之上而为之主的是人心,其他都不是"②,里面所提"人心"就属于感性范畴。

对理性与感性做出上述界定的同时,也就对两者进行了区分。这一区分,非常类似于张楚廷对人力进行的划分——除体力之外,人力包含智力(观察力、记忆力、思维力、想象力、操作力等)与心力(情动力、注意力、意志力、自评力等)。③ 智力与心力是人的心理力量中平等而对应的两个方面:智力属认知心理力量(如机智、智慧、智能、智谋),而心力属非认知心理力量(如反映意志的耐心、恒心、决心等,反映情感的开心、伤心、担心、操心等,反映心理倾向的好奇心等)。④ 这里,相对应地,人性之理性与人力之智力极为相近,人性之感性与人力之心力极为相近。

三、理性与感性的关系

古语道,"天地万物之理,无独必有对";"万物莫不有对"——矛盾是普遍存在

---

① 关于"逻辑"与"伦理"、"真"与"善"、"道"与"德"的区别及联系,可参见:张全新."'是''在'""'诚''成'"的哲学:交汇点上的塑造论哲学[M].济南:山东人民出版社,2013:2016,2023,2015.
② 梁漱溟.东西文化及其哲学[M].北京:商务印书馆,2010:273.
③ 张楚廷.校长学[M].长沙:湖南教育出版社,2007:131-132.其中,情动力包含一个人的道德精神、人格力量,还有情操志趣,乃至事业心、社会责任感;自评力即自我评价能力。
④ 张楚廷.心力及其教育学意义[J].高等师范教育研究,1997(3):14.

的,宇宙中的万事万物,包括天体运动、气候变化,乃至人类社会、人体自身等,都普遍存在着两两对应的两端现象①。文化内含的理性与感性即如此,其基本关系是"既对立(对应)又统一(同一)"②。在某种程度上,对立统一就是相反相成。所谓相反相成③,就是两个对立的事物(或事物的两个方面)既互相排斥又互相促成,即相反的东西也会相互依赖,在一定程度上具有同一性,呈现出相辅相成,甚而相得益彰的状态、局面。

首先,理性与感性大致是对立的。当然,此处的"对立"并不是那种一般意义上的两种事物或一种事物中的两个方面火药味十足、你死我活地敌对(作对、对峙、对抗,排斥、抵触、抑制,中和、抵消、倾轧,等等),更多地是指有所差异及区别前提下的并立、对应、相向而立,间或有温和的斗争(竞争、制约、冲突、排除、否定,等等)④。

其次,理性与感性又是统一的。唯物辩证法认为,任何事物内部都是矛盾的统一体,组织文化甚而学院文化也不例外。其统一(同一)关系主要体现在以下两个方面。

一是相容同存。相容⑤即容许、容纳,在容许的前提下,在容纳的境界中,两者实现同存。

容许就是尽管理性与感性双方是有差异的,乃至在某些时候是相互排斥的,

---

① 例如,天—地,明—暗,昼—夜,热—冷,升—降,进—退,强—弱,上—下,内—外,动—静,刚—柔,阳—阴。

② "对立统一"与"对应统一"尚有些许不同。按学者华正的观点,"对应统一"是和谐事物之间的常态表现及常态目标;"对立统一"是事物处于失衡较量中的常态过程。"对应统一"中的"统一"是各类阴阳平衡的良性循环关系;"对立统一"中的"统一"往往是特殊条件下的"一方压倒另一方、一方控制另一方"的不平衡统一关系。因此有两种前景,不是走向阴阳平衡的良性循环就是走向更尖锐的对立。"对立统一"的哲学本质是表现事物在调整中较量或在转型斗争过程中走向平衡或实现平衡之前的关系——平衡关系就是"对应统一",而失衡中的调整、较量或转型斗争过程就是"对立统一"。"对立统一"是过程,"对应统一"才是目的。

③ 出自《汉书·艺文志》:"仁之与义,敬之与和,相反而皆相成也。"后有"相反相成"。

④ 斗争的结果往往是感性可以冲破理性,理性也可以压制感性。

⑤ 此处"相容",是从"相容性"一词借用而来。所谓相容性(compatibility)系指两种或多种物质混合时的相互亲合性,即分子级的可混性。如果相容性好,就能形成均质混合体系。从热力学角度来看,聚合物的相容性就是聚合物之间的相互溶解性,是指两种聚合物形成均相体系的能力,也就是共混物各组相互容纳,形成宏观均匀材料的能力。

但一方仍然能够包容性地允许另一方存在,即两者相互依存①,发生着内在的、有机的、不可分割的联系,蕴藏着或孕育着可以协调且走向双方亲和、彼此和谐的可能性。就组织文化甚而学院文化整体而言,理性与感性都是必不可少、不可或缺的,并且各自的分布及其运动情况处于均衡、和谐才是理想的状态。

容纳就是在容许的前提下,理性与感性双方进一步发生连接、联结、交叉,乃至贯通、渗透、蕴涵,达到相互包含即"你中有我、我中有你"的状态,此时两者从同时存在达到了交混存在状态。我们经常用"通情达理"来形容一个人的品性,这种品性就是理性与感性的完美交融。

二是互动共生。互动即促动、牵动,在文化生成时的相互促动下,在文化演变时的相互牵动中,理性与感性两者实现共同生长。

互动②中的"互"指相互、交替,"动"指使对方起作用或变化,连在一起即指一种使彼此发生作用或变化的过程。互动是立足于容许、容纳基础之上的一种相互联系、相互依赖,进而相互影响、相互制约、相互促进乃至相互决定的状态。处于互动状态下的任何一方的发展都离不开对方的发展,正如阴阳互用一样——在阴阳相互依存的基础上,阴阳双方会出现相互促进、相互滋生即相互为用进而彼此成就、共同生长的状态。

第二节　内核:信念—理想

埃德加·沙因指出,"文化是深层次的、影响广泛的、复杂的、模式化的"③,"我

---

① 相互依存是指任何一方都不能脱离对方而独立存在,正如阴阳相倚、阴阳互根那样——阴、阳双方互以对方为"生""长""化"的条件,"无阳则阴无以生,无阴则阳无以化",正所谓"孤阴不生,独阳不长"。

② 物理学较早地阐述"互动"的概念,以解释物体或系统之间的作用和影响,说明能量守恒定律。在社会科学中,社会学在19世纪即应用"互动"的概念来解释社会学的现象,并形成具有丰富理论内容的社会互动论学说。

③ 〔美〕埃德加·沙因. 组织文化与领导力:第4版[M]. 章凯,罗文豪,朱超威,等,译. 北京:中国人民大学出版社,2014:46.

们如果不能理解更深层次的文化内容,就不能真正理解更加表面的现象的意义"①。基于此,"我们必须绕开文化的表面模型,而将文化置于更深层次、更复杂的人类学模型之上"②,条分缕析,深挖细剖,对文化做一番由表及里的深入的、彻底的分析。

"文化包含了人们深层持有的信念,这些信念涉及'什么会带来成功和卓越'。"③"深层持有",且事关"成功和卓越",可见,信念是组织文化中最为核心、最为根本,也是最为重要的东西。理想同样如此,尤其是在大学这一特殊的社会机构里。正如张楚廷所强调:"每一所大学,都可以是一座文化堡垒,而这座堡垒的铜墙铁壁正是深深刻印在大学身上的理想与信念。"④

一、信念

在企业管理界,信念因其重要价值而受到特别推崇——"战略变化不定,相反,基本信念则涉及持续的、不可改变的价值观"⑤。因此,"一些历史悠久且备受尊重的公司用了几十年时间来精心确定它们所珍爱的价值观和信念。许多公司已把它们的信念注入战略核心。或者,它们从成功的战略中提取看起来发挥作用的信念"⑥。曾在 20 世纪 80 年代写就"企业文化研究奠基之作"《企业文化——企业生活中的礼仪与仪式》的特伦斯·迪尔与艾伦·肯尼迪就特别看重信念在文化中的分量:"如同远古时代的部落一样,根深蒂固的传统和广为接纳与共享的信念支配着当代的企业组织。我们把这些传统和信念称为'企业文化'。"⑦在该书正文

---

① 〔美〕埃德加·沙因. 组织文化与领导力:第 4 版[M]. 章凯,罗文豪,朱超威,等,译. 北京:中国人民大学出版社,2014:31.

② 〔美〕埃德加·沙因. 组织文化与领导力:第 4 版[M]. 章凯,罗文豪,朱超威,等,译. 北京:中国人民大学出版社,2014:13.

③ 〔美〕特伦斯·迪尔,艾伦·肯尼迪. 新企业文化:重获工作场所的活力[M]. 孙健敏,黄小勇,李原,译. 北京:中国人民大学出版社,2008:210.

④ 张楚廷. 大学文化与传统[J]. 高等教育研究,2012,33(6):2.

⑤ 〔美〕特伦斯·迪尔,艾伦·肯尼迪. 新企业文化:重获工作场所的活力[M]. 孙健敏,黄小勇,李原,译. 北京:中国人民大学出版社,2008:204.

⑥ 〔美〕特伦斯·迪尔,艾伦·肯尼迪. 新企业文化:重获工作场所的活力[M]. 孙健敏,黄小勇,李原,译. 北京:中国人民大学出版社,2008:205.

⑦ 〔美〕特伦斯·迪尔,艾伦·肯尼迪. 企业文化——企业生活中的礼仪与仪式[M]. 李原,孙健敏,译. 北京:中国人民大学出版社,2008:序言 4.

的第一部分,两位作者表达了对"长期业绩卓越的公司是那些有着某种信念的公司"的假设的认可,并据此借助关于"信念"的若干问题(某公司是否有生动、鲜明的价值信念? 如果有,它们是什么? 组织成员知道这些信念吗? 如果有人知道,他们是谁? 有多少人知道? 这些信念是如何影响公司的日常活动的? 这些信念是如何在组织中传递的? 这些信念是否通过正式的程序、表彰和奖励而得到强化?)来考察、询问、了解公司或组织的情况,并得出结论:"无一例外,18 家有抽象价值信念的公司都是成功者"①。

　　而在学术系统中,"分析家们已经表明,学术系统常常流行着激发情感的崇高信条(lofty doctrines),它们是宗教的世俗翻版(secular version of religion)"②。这里的"信条"即信念。如果深入到学术系统(高等教育系统)内部,就会发现,学术系统是由众多"巢状群组"(a plurality of nested groupings)构成③。其中,"作为组织的基本形式(primary forms of organization),学科(discipline)和院校(enterprise)是信念(belief)的强大来源,不论在系(department)和系内单位(subfaculty),还是在大学或学院(university or college)全校的层面上都起作用,生成着(producing)学人/大学教师(academics)生活所依赖的比较特定的信念(belief)"④。正是基于信念在学术系统中的特别价值,伯顿·R. 克拉克将信念同

---

① 〔美〕特伦斯·迪尔,艾伦·肯尼迪. 企业文化——企业生活中的礼仪与仪式[M]. 李原,孙健敏,译. 北京:中国人民大学出版社,2008:6-7.

② CLARK B R. The Higher Education System:Academic Organization in Cross-National Perspective[M]. Berkeley:University of California Press,1983:74. 也可参见:伯顿·R. 克拉克. 高等教育系统——学术组织的跨国研究[M]. 王承绪,等,译. 杭州:杭州大学出版社,1994:85.

③ CLARK B R. The Higher Education System:Academic Organization in Cross-National Perspective[M]. Berkeley:University of California Press,1983:75. 也可参见:伯顿·R. 克拉克. 高等教育系统——学术组织的跨国研究[M]. 王承绪,等,译. 杭州:杭州大学出版社,1994:86. Grouping(A grouping is a set of people or things that have something in common)是具有共同点的一类人(或事物),此处指学术团体、群体、圈子等。

④ CLARK B R. The Higher Education System:Academic Organization in Cross-National Perspective[M]. Berkeley:University of California Press,1983:75-76. 也可参见:伯顿·R. 克拉克. 高等教育系统——学术组织的跨国研究[M]. 王承绪,等,译. 杭州:杭州大学出版社,1994:86. 其中的"enterprise"一词,实指机关、团体或一个机关、团体的各个部分(如基层单位、行政单位、附属单位),因此,笔者认为,将其译为"院系"更为贴切。

工作、权力一起作为高等教育系统的核心要素，"并据以分析高等教育运行的规律"①。而三大核心要素信念、工作、权力间的基本逻辑是："高等教育的各个部门都有自己的规范和价值观，形成学术信念；又从工作组织及其伴随的信念产生各种权力关系。"②

那么，何谓信念呢？"信念指的是在'什么是重要的'这个问题上大家深信不疑和广为接纳的思想观念。"③这是文化学者特伦斯·迪尔与艾伦·肯尼迪的理解。他们将信念看得很重，称其为"文化的基石"④——"信念告诉我们什么是神圣崇高的，什么是可以接受的，什么是令行禁止的，在日常的许多常规事件中，信念规定了行为的隐含规则"⑤。

循着特伦斯·迪尔与艾伦·肯尼迪如上的"思想观念→信念"理路，探析信念的含义，确实可以联系着观念、理念、理论来理解。

下一节将论及观念是思维上习惯化、一贯化的观点。进一步讲，上升到理性高度的观念就是理念，而系统、完整的理念体系就是理论。其中，那些内心深处深信不疑从而坚定、执着的观念、理念、理论就是信念——"信念因其执着而为信念"⑥。

通俗地说，信念就是那些已认为可以确信的看法，即人们笃信、信奉甚至崇奉的观念，如"天生我材必有用"（李白）。简言之，信念即信条级观念（人们经常提及的人生观、价值观和世界观就是信条级观念），即坚定不移（积极的）或根深蒂固

---

① 〔美〕伯顿·R. 克拉克. 高等教育系统——学术组织的跨国研究[M]. 王承绪，等，译. 杭州：杭州大学出版社，1994：译者序.
② 〔美〕伯顿·R. 克拉克. 高等教育系统——学术组织的跨国研究[M]. 王承绪，等，译. 杭州：杭州大学出版社，1994：译者序.
③ 〔美〕特伦斯·迪尔，艾伦·肯尼迪. 新企业文化：重获工作场所的活力[M]. 孙健敏，黄小勇，李原，译. 北京：中国人民大学出版社，2008：引言 8.
④ 〔美〕特伦斯·迪尔，艾伦·肯尼迪. 新企业文化：重获工作场所的活力[M]. 孙健敏，黄小勇，李原，译. 北京：中国人民大学出版社，2008：引言 8.
⑤ 〔美〕特伦斯·迪尔，艾伦·肯尼迪. 新企业文化：重获工作场所的活力[M]. 孙健敏，黄小勇，李原，译. 北京：中国人民大学出版社，2008：192.
⑥ 中共中央党史和文献研究院，中央"不忘初心、牢记使命"主题教育领导小组办公室. 习近平关于"不忘初心、牢记使命"论述摘编[M]. 北京：中央文献出版社、党建读物出版社，2019：230.

（消极的）的观念。例如，"我坚信大学所要解决的是思辨的问题"①；又如，"在我心中哲学是最神奇的，却也是最能代表人的特征的；在我心中，民族是最神圣的，我的民族以它无限的智慧所创造的文明抚育着我"②。

有关大学是什么、应是什么的信条，张楚廷曾经归纳为："大学的每一天都是第一天，这是耶鲁的信条。说别人未说过的话，做别人未做过的事，这是加州理工的信条。真理使你成为自由人，这是霍普金斯的信条。大学是自由教育的场所，这是纽曼的信条，也是赫钦斯的信条。大学以科学、修养、寂寞、自由为关键词，这是德国古典大学的信条。大学乃大师之谓也，这是梅贻琦的信条。真正的大学体现于哲学院之中，这是斯莱尔马赫的信条。大学，人类智慧至今设计出来的无可比拟的机构，这是弗莱克斯纳的信条。"③而"——大学，一个大写的'学'字；——大学，象牙塔和故纸堆共同安憩的地方；——大学，人类无数美梦孕育出来的最美好的现实；——大学，使人大智大慧、大彻大悟的圣殿；——大学，最为保守（学术良知）又最为激进（学术自由）的社会组织；——大学，最羞耻于人云亦云，最不齿于模仿与效法；——大学，最少肢体语言的地方，最低分贝的地方；——大学，最受人间宠爱又最为人们所苛求的对象；——大学，人的生命的一道光芒，它又反光照亮人的生命，使之更加璀璨夺目……"④则是张楚廷本人所持有的信条。"信条都应是出自自己心灵深处的"⑤，因而这些大学信条在他们的心目中也就坚定不移或根深蒂固了。

说到这里必须提一下"信仰"。

信仰，一般是指人们对某种理论、学说、主义的信服和崇仰，并将其奉为自己的行为准则和活动指南。信仰属于信念，是信念的一部分，但它是信念中最集中、最高级的表现形式。⑥ 由此可见信仰之非同一般。但这还仅仅是从认识论来看信

① 〔美〕罗伯特·M. 赫钦斯. 美国高等教育［M］. 汪利兵，译. 杭州：浙江教育出版社，2001：63.
② 张楚廷. 人论［M］. 重庆：西南师范大学出版社，2015：70.
③ 张楚廷. 规划与信仰［J］. 高等教育研究，2006，27（7）：34.
④ 张楚廷. 规划与信仰［J］. 高等教育研究，2006，27（7）：34-35.
⑤ 张楚廷. 规划与信仰［J］. 高等教育研究，2006，27（7）：34.
⑥ 事实上，一个人所拥有的许多信念的层次是不同的，有的处于最高的层次，有的处于中间层，还有的处于最低层。它们各安其位，形成有序的信念系统。其中，高层次的信念决定着低层次的信念，低层次的信念服从于高层次的信念。由于最高层次的信念具有最大的统摄力，我们往往把它称为"信仰"。

仰,而"按心理学,信仰是倾向;按哲学,信仰是主义之类的代名词。信仰是人全身心的体悟,而不单单是认识论可以解释的"①。譬如,"亚里士多德确信,求知是人的天性;毕达哥拉斯确信万物皆数;伽利略确信宇宙是一本书,这本书是由数写成的;康德确信宇宙起源于大爆炸;黑格尔确信绝对精神的存在;马克思确信人将走向自由王国;邓小平确信中国会走向富强……"②。这种种"确信",全部是他们"全身心的体悟";从内容上看,不仅是"主义",也是"倾向"——特别是马克思之"人将走向自由王国"的信仰,明显地表露出他对"自由王国"的热情推崇;邓小平之"中国会走向富强"的信仰,也清晰表达出他对富强中国的美好期盼。

以上仅是从思想(观念、理念、理论等)的角度来阐释信念。信念有时候不是对应思想而是对应事物而言的。此时所谓的"信念",就是确认某种事物是事实或必将成为事实(如"长风破浪会有时,直挂云帆济沧海"),也就是人们对这一事物的存在或出现非常有信心,对事物的发展趋势及结果坚信不疑,达到了信赖、信奉乃至崇拜的状态。③

需要着力强调的是,信念显示的是人们在一定的认识基础上确立的对某种思想或事物坚信不疑并身体力行的状态,折射着一种真诚信服、坚定不移,并且坚决执行、始终不渝的态度。也就是说,信念一旦形成,特别是信仰一经确立,便具备了稳定性(坚定性——对信仰而言④)和持续性特点——既不会轻易改变,也不会

---

① 张楚廷. 规划与信仰[J]. 高等教育研究,2006,27(7):34. 张楚廷就是一位有信仰的人。他说:"在我的心目中时刻有我确认的上天。我的上天即大自然,即我的民族,我的祖宗,它们一起成为我心灵的上天。"(张楚廷. 张楚廷教育文集:第5卷[M]. 长沙:湖南教育出版社,2007:总序6.)——这说的是心理学意义上作为"倾向"的信仰。他也坦陈自己是"自由主义者"(同时还是"平等主义者""个人主义者"):"在我看来,人即自由,自由即人。为何人即自由?这是因为,唯有人是有意识的,而且人能用自己的意识作用于自己,并由此而把握自己。人不仅生而自由,而且还在后天发展这种自由,创造自由,享有自由。"(张楚廷. 改革路上:张楚廷口述史[M]. 武汉:华中科技大学出版社,2019:206.)——这说的是哲学意义上作为"主义"的信仰。

② 张楚廷. 高等教育哲学[M]. 长沙:湖南教育出版社,2004:355-356.

③ 例如,"工作后五年内买车、十年内买房"的"生活崇奉","博士毕业十年后成为教授"的"工作崇奉","中华民族伟大复兴一定能实现"的"社会崇奉"。

④ 方志敏烈士在英勇就义前慷慨陈词:"敌人只能砍下我们的头颅,决不能动摇我们的信仰!因为我们信仰的主义,乃是宇宙的真理!"夏明翰烈士临刑前,挥笔写下:"砍头不要紧,只要主义真。杀了夏明翰,还有后来人。"这些都表现出信仰(主义)的坚定性。

轻易半途阻滞。

　　具备这样的信念，是生活中的一种需要，甚至是生活中所必需的。因为，身处复杂多变的环境中，特别是面临艰难困苦时，人的心灵世界总是需要一种有力量的东西予以支撑。信念是基于相信而生成的，相信就会产生力量，越是相信，力量越是强大。因为，当人坚信某一件事情的时候，就无疑给自己的潜意识下了一道不容置疑的指令，从而支撑着、推动着自己不断前行。在此意义上可以说，信念的高度决定人生的高度，正如亚伯拉罕·林肯所说，"喷泉的高度不会超过它的源头，一个人的事业也是这样，他的成就绝不会超过自己的信念"。譬如，"所有的大哲学家都相信，随着他们自己体系的建立，一个新的思想时代已经到来，至少，他们已发现了最终真理。如果没有这种信念，他们几乎不能成就任何事情"①。就大学而言，"优秀教授的第一个前提恐怕就是他心中必有一个念头，我会做得比别人好，或者比别人早，或者比别人高，或者比别人妙……"②

　　在信念照耀下的生命体自会折射出光芒与勇气。正如爱因斯坦所说，"由百折不挠的信念所支持的人的意志，比那些似乎是无敌的物质力量具有更大的威力"。丁玲曾说："人，只要有一种信念，有所追求，什么艰苦都能忍受，什么环境也都能适应。"罗曼·罗兰说："最可怕的敌人，就是没有坚强的信念！"因此，"信仰、信念、信心，任何时候都至关重要。小到一个人、一个集体，大到一个政党、一个民族、一个国家，只要有信仰、信念、信心，就会愈挫愈奋、愈战愈勇，否则就会不战自败、不打自垮"③。

　　从思想的角度看，信念实质上就是意识形态。意识形态具有强大的引领力、凝聚力、向心力，对一个集体的生存和发展至关重要，因为它在很大程度上决定着一个集体的前进方向、发展道路乃至前途命运。有人说，"以利益为支持的团体极易动摇，以信念为纽带的集体坚如磐石"，这是很有道理的。

二、理想

　　理想，是对未来事物的美好想象、憧憬、向往（如"安得广厦千万间，大庇天下

①　〔奥〕M. 石里克. 哲学的未来[J]. 哲学译丛，1990(6)：1.

②　张楚廷. 高等教育哲学[M]. 长沙：湖南教育出版社，2004：185.

③　中共中央党史和文献研究院，中央"不忘初心、牢记使命"主题教育领导小组办公室. 习近平关于"不忘初心、牢记使命"论述摘编[M]. 北京：中央文献出版社、党建读物出版社，2019：382-383.

寒士俱欢颜"），并由此而生的希望、愿望、追求（如"会当凌绝顶，一览众山小""为中华之崛起而读书"），以及进一步确立的目标（按远近、大小又可细分为使命、愿景、大目标、小目标、任务等）、志向、抱负（如"实现中华民族伟大复兴"）。"理想是一种人所特有的存在方式，是人性的一个标志。因为人不仅拥有一个物质现实的世界，而且还拥有一个意想的、可能的世界；其生存不仅有一个实然的向度，而且还有一个应然的向度。"①人不能没有理想，没有理想就不成为人——"没有理想和理想的追求，人就只能像其他动物那样成为客观必然性链条中的一个被动环节，按必然性而生，循必然性而死。它不具有任何意义。理想才赋予人以生存意义。人的生存意义只能寓于为实现理想的自主、自觉努力之中。确立和追求理想的过程也是人的生活意义化的过程"②。理想的价值，就在于召唤人们脱离平淡的现实，不断奔向高远的境界。心怀理想，生活才有奔头，事业才有光彩。反之，"谁若每天不给自己一点做梦的机会，那颗引领他工作和生活的明星就会黯淡下来"③。

尤其是，"大学总是热衷于把目光投向未来，所以它必定是理想主义的"④。那么，大学应该向往什么？追求什么？应确立怎样的抱负？或者说，大学的理想是什么？

对此，张楚廷在其名作《高等教育哲学》一书中专门进行了激情澎湃的描述。

——我们追求，我们向往，自己的大学成为神圣的学术殿堂，在这里，权力是必要的，钱财是必要的，但它们在学术和真理面前，在我们这里是矮小的。

——我们追求，我们指望，自己的大学以最好的学术、最深入的洞察、最精妙的思想贡献社会，贡献给自己的民族，贡献给世界。

——我们追求，我们期待，从自己大学里走过的年轻人将变得更有智慧，更有灵感，更奋发，更高尚……我们以思想和远见贡献社会，也以这些巨人贡献社会。

——我们追求，我们决意，花主要精力，用主要财力，来确保一支高水平师资队伍，全力创造一个十分舒展、充分自由的环境，以便他们充分展

① 韩延明. 哲学的观点：大学理念——理性认识与理想追求[G]//潘懋元. 多学科观点的高等教育研究. 上海：上海教育出版社，2001：76.
② 鲁洁. 培养有理想的人——世纪之交对德育的一点思考[J]. 教师博览，2001(4)：4.
③ 〔德〕雅斯贝尔斯. 教育是什么[M]. 邹进，译. 北京：生活·读书·新知三联书店，1991：156.
④ 张楚廷. 院校论[M]. 重庆：西南师范大学出版社，2015：77.

示自己的大智大慧,大彻大悟,使他们应当拥有的至高地位变为现实……我们这里不只是接纳"大师"的地方,而且是生长"大师"的地方。

——我们追求,我们奋斗,依靠这些"大师""准大师",全力建起一批能出顶尖成果的学科,能形成有自己风格的学派。

……

——我们努力,我们盼望,自己的大学在天、地、人面前有绝对的诚实,我们在探索的道路上有令自己也难以置信的自信,我们绝不低估自己。

——我们努力,我们盼望,让我们这里是古典与现代的完美统一,历史与逻辑的统一。

——我们努力,我们盼望,让我们这里是人文和科学的和谐统一,人、社会与自然的统一和和谐,这里与自然休戚与共,与社会息息相通。

——我们努力,我们盼望,我们这里拥有把许多看似对立的东西共融在一幅图画上的艺术。

——我们努力,我们盼望,随着我们大学年岁的增长,它的文化增长更快,积淀得更为厚实,我们的灵魂在岁月的洗礼下更能反映我们民族的灵魂。①

理想,一般是在理性思考之后生发、确立的对事物的合理想象或希望,从而区别于无章法的幻想;一般是有实现可能性、较为切合实际的,从而区别于无根据的空想;一般是积极的、正义的,从而区别于无廉耻的妄想。用张楚廷的话说,"够得上说成是追求、说成是理想的东西,大半是想做一些许多人未想到的事,或者是许多人想到了,但认为做不成的事"②。他是一位很有理想、有抱负的教育家,自1982年至2000年,曾在湖南师范大学主持工作18年,使学校的各项事业都取得了长足的进步。在他任职之初,该校校园只有1平方千米(后来校园面积扩大了40%),在这个时候,他的愿望、他的理想是什么呢? 按照他的话,就是"在这个960万分之一的土地上,为我的民族谱写一支雄壮的进行曲。大体上,我做到了"③。这是实实在在的理想,不是幻想,不是空想,更非妄想。

---

① 张楚廷. 高等教育哲学[M]. 长沙:湖南教育出版社,2004:358-359.
② 张楚廷. 高等教育哲学[M]. 长沙:湖南教育出版社,2004:357.
③ 张楚廷. 改革路上:张楚廷口述史[M]. 武汉:华中科技大学出版社,2019:17.

理想,不仅有优劣之别,还有高低之分。爱因斯坦曾说:"每个人都有一定的理想,这种理想决定着他的努力和判断方向。在这个意义上,我从来不把安逸和快乐看作生活目的本身——这种伦理基础,我叫它猪栏式的理想。照亮我的道路,并且不断地给我新的勇气去愉快地正视生活的理想,是善、美和真。"在这里,"猪栏式的理想"无疑是卑微的,而"善、美和真"的理想却是高远的。明白了爱因斯坦的理想观,也就不难理解他为什么说"人生的价值,应当看他贡献什么,而不应当看他取得什么"了。由此可见,理想观是受人生观、价值观指引的。

在人生观、价值观指引下,理想最终会表现为志向。"志当存高远。"(诸葛亮)人应当立志,立高远之志。为什么?因为"功崇惟志,业广惟勤"(《尚书·周书·周官》)——功高缘于有志,业大缘于勤劳。"志不立,天下无可成之事。"(王阳明句)历史不断证明,有志者事竟成,"古之立大事者,不惟有超世之才,亦必有坚忍不拔之志"。(苏轼《晁错论》)甚而可以说,"天下无不可为之事,只怕立志不坚"。(金缨)

志向确实具有巨大的力量,正所谓"志之所趋,无远弗届,穷山距海,不能限也。志之所向,无坚不入,锐兵精甲,不能御也"。(金缨)意思是说,人要是志存高远,就没有不可实现的目标,纵观山海尽头,亦不能阻止其追求理想的步伐;人要是志存高远,就没有攻不破的堡垒,即使是精兵坚甲,也无法抵御他的坚定信念。

"壮志与热情是伟业的辅翼。"(歌德)成就伟业离不开壮志与热情。"革命理想高于天",革命理想洋溢着壮志,充满着热情。回首中华人民共和国建立的历史,一代又一代共产党人为了追求民族独立和人民解放,不惜流血牺牲,靠的就是一种信仰,为的就是一个理想。历史和实践反复证明,一个政党有了远大理想和崇高追求,就会坚强有力、无坚不摧、无往不胜,就能经受住一次次挫折而又一次次奋起,其他集体、组织(如一所大学、一家学院)亦如此。

"革命理想,不是可有可无的点缀品,而是一个人生命的动力。有了理想,就等于有了灵魂。"(吴运铎)有了理想,就会有冲天的干劲。我们常称那些胸怀大志、"高于现实并能调校现实"、执着追寻生命意义的人为理想主义者①。理想主义者因为怀抱理想而精神饱满、斗志昂扬、笃定前行、终成大事。

---

① 曾任湖南师范大学校长的张楚廷十分崇尚理想主义(浪漫主义),称自己就是"理想主义者":"作为教师,作为校长,我是现实主义者,更是理想主义者,甚至,我一点也不忌讳乌托邦,不忌讳浪漫主义。教育不是一首诗吗?没有浪漫,会有诗吗?"张楚廷.人论[M].重庆:西南师范大学出版社,2015:217.

曾任清华大学经济管理学院院长 12 年之久的钱颖一就是一位理想主义者。2006 年,他怀着一颗报效祖国的赤诚之心,回到母校清华大学担纲经济管理学院院长,全身心投入学院发展上,"没有带过一个博士生,没有申请过一笔科研经费,也没有主持过一个自己的研究中心、研究院或研究所",兢兢业业,殚精竭虑,锐意创新,成效显著,使清华经管学院不仅成为清华大学教育教学改革的开路先锋,也成为新时代高等教育改革大潮中崭露头角的学院典范。他在纪实性学术专著《大学的改革》中满怀感慨地回忆道:"这些年来我心怀理想主义,尽力做事,干成了一些事儿。……我深感庆幸的是,我仍然还是一个'把一些事儿干成的理想主义者'。"①

北京大学化学与分子工程学院院长、北京大学深圳研究生院化学生物学与生物技术学院院长、被誉为"癌症药物新星"的杨震教授也是这样一位理想主义者。2001 年,他毅然决定"离开哈佛,跟随林建华回家",在深圳筑梦——建设北京大学深圳研究生院:

> 我骨子里头也是天生的爱国主义者。我很认同一句话——跟国家和民族一起爬坡。……回国参加建设,是我们这代知识分子无比重要的责任,也是无上的荣光。……我们的梦想是做出中国第一原创新药,一个伟大的民族不能老借助世界的文明来发展自己,中国要对人类做贡献。②

第三节　外围：观念—态度

在文化结构中,居于内核不易被人觉察的是信念、理想,而处于外围容易被人觉察的则是观念、态度。

一、观念

什么是观念(指外延)？观念是什么(指内涵)？

用哲学术语来说,观念是在意识中反映、掌握外部现实和在意识中创造对象

① 钱颖一. 大学的改革：第二卷[M]. 北京：中信出版社,2017：12.
② 杨震. 赤子的骄傲[G]//知识实验室. 我在北大当教授：20 位北大学者访谈故事集. 上海：东方出版中心,2018：76.

的形式化结果(完善的样本或模型化的结果)——一种"看得见的形象"("观念"的希腊文原意)。简言之,观念是客观现实的反映形式,是客观存在的主观映象。究其实质,观念的东西不外是移入人的头脑并在人的头脑中改造过的物质的东西而已。其更为具体而直白的含义可联系概念、判断、观点来理解。

一般来说,人们在认识事物时,头脑里先有的是概念。概念是人们在认识过程中,把所感知的事物的共同本质特点抽象出来,加以概括得到的一种认知表达。它是通过抽象化的方式从一群事物中提取出来的反映其共同特性的思维单位,是进一步思维借以进行的单元。

人们在实践的基础上会形成许多概念,并用这些概念去断定思维对象是否存在、是否具有某种属性以及事物之间是否具有某种关系。这种断定的思维形式,在逻辑学上被称为"判断"。例如,关于"思维对象是否存在"的判断——"人本自由"①;关于"是否具有某种属性"的判断——"求知是人类的本性"②,"大学是一些智慧的头脑相互碰撞的地方","大学是一个学术权力起主导作用的地方","大学是真理的集散地","大学是人类的最高创造物之一"③;关于"事物之间是否具有某种关系"的判断——"问得多,学问就多;问得深,学问就做得深"④。

判断由概念组成。如果说概念是用词语来表达事物的本质的话,那么,判断则是用句子来表达事物的联系和关系的。人们在认识过程中运用判断形式把认识的结果固定下来,其中那些从一定的立场或角度出发从而带有个人倾向性的判断叫作观点。譬如,"人文,就是教人如何做人,尤其是教人如何做有品位的人。……大学首先是育人,之后才是育才。所以,人文是大学教育的灵魂"⑤。又如,"投资不能构成政府控制和干预大学的理由,国家或政府最优先的责任是'培养好的研究环境'。……大学的自由与独立,首先是国家的需要,唯有学者们、大学和国家共同意识到这一点,大学才可能是先进的"⑥。再如,"教师的言谈举止、学校每项政策决定,时刻都是立德树人。""急功近利会限制学生的想象力和创造力。""好教育能使人'因真理而自由',差教育会使人'因知识而羁绊'。""教育要努

① 〔古希腊〕亚里士多德. 形而上学[M]. 吴寿彭,译. 北京:商务印书馆,1959:5.
② 〔古希腊〕亚里士多德. 形而上学[M]. 吴寿彭,译. 北京:商务印书馆,1959:1.
③ 张楚廷. 院校论[M]. 重庆:西南师范大学出版社,2015:41-42.
④ 张楚廷. 人论[M]. 重庆:西南师范大学出版社,2015:216.
⑤ 钱颖一. 大学的改革:第二卷[M]. 北京:中信出版社,2017:127.
⑥ 张楚廷. 不同的大学治理方式[J]. 大学教育科学,2010(1):109.

力营造更多实际场景,在实践中磨炼'胆识'。""批判性思维不是轻易相信,也不是轻易反对。""大学的最大优势之一是学科的多样性。""打开边界,不是削弱大学独特的社会价值,而是使其更加发扬光大。""只有守正创新,才能引领未来。"①

在思维方式方面习惯化、一贯化的观点被人们称为"观念",如"时间就是金钱""知识就是力量""失败乃成功之母"。习惯化与一贯化,表明观念具有稳定性。② 在这一点上,观念区别于意念,因为意念的产生往往是一种瞬时性的观念显现,因此意念常常是随着思维的进行而瞬息万变的,不具备稳定性。

当然,观念的稳定性也只是相对而言的。观念有时需要变革,甚至在某些情境下可能会变来变去。关于观念的变与不变,张楚廷有一段颇具辩证性的论述:"难道观念总是应当变来变去的吗?什么样的观念易变?什么样的观念难变?什么样的观念不变?观念的变革与主客观两方面有关,客观的事物变了,主观的东西需要跟上去;有时候,是主观的东西本身需要变革,需要调整,才能把握变或未变的事物,甚至还可预见事物未来可能的变化。什么观念是不易变甚至是不变的呢?当然是那些认识更深刻的东西。具体地说,可能是那些理论形态的、哲学形态的观念。孔孟、老庄以及柏拉图、亚里士多德确实都留下了一些永恒的观念。黑格尔曾言,如果人类有导师的话,那就是柏拉图和亚里士多德(大意如此)。他可能还应当补上,孔老先生亦为人类的导师。西方就有人说过,要从孔子那里去寻找智慧。"③

就内容及性质来看,有一种观念是比较稳定、不易变化的。这就是价值观。一般认为,价值观是人们对事物(包括自身)的重要性的总体看法与总体评价。它是生活中最为根本的观念,因为"价值观帮助人们了解做什么——关于'正确行为'的持久准则"④。需要分清的是,"价值观有两大类:一类是内在的,一类是工具

---

① 这些"金句",都是关于当前高等教育改革与发展的颇有新意和深意的观点——摘录自 2020 年 1 月 8 日举行的"2020 未来教育论坛暨北京大学未来教育管理研究中心成立大会"上北京大学前校长林建华发表的题为"今天的教育决定国家的未来"的主旨演讲。

② 有学者认为,这种观念的稳定性是由思想主体自身的惰性所造成的。因为任何行为和思想都要进行能量的消耗和转化,而被消耗和转化的主体在惯性的作用下有保持原状的特性,这就造成了思想的主体在没有差异的情况下不能引起意识的运动,从而也就没有发生观念的变动。

③ 张楚廷. 改革路上:张楚廷口述史[M]. 武汉:华中科技大学出版社,2019:184.

④ 〔美〕特伦斯·迪尔,艾伦·肯尼迪. 新企业文化:重获工作场所的活力[M]. 孙健敏,黄小勇,李原,译. 北京:中国人民大学出版社,2008:203.

主义性的。内在的价值观是指我们不计个人得失而均予遵循的价值观。例如,爱国主义作为一种价值观,要求人们做出牺牲,有时就个人得失而言,它是'不利的'。然而自古以来,千百万人都为捍卫祖国而献出了生命。相形之下,工具主义性的价值观是指那种因为它直接对我们有利,我们才予以遵循的价值观"①。

价值观往往是一个体系,即价值观体系。价值观体系是决定人们言行的核心因素,引导着人们努力的方向,并赋予其前行的动力——"价值观指的是:什么能代表我们这个集体;我们存在的意义是什么;是什么力量能把我们团结起来,即使身处逆境之中"②。

总之,观念在生活中所起的作用是巨大的,因为是观念支配着人们的行为——认知决定决策,决策决定行动。就整个社会生活来讲,"先进的思想文化一旦被群众掌握,就会转化为强大的物质力量;反之,落后的、错误的观念如果不破除,就会成为社会发展进步的桎梏"③。正是在此意义上,观念的更新、变革显得格外必要与重要,特别是在考虑观念变革的先导性及根本性时更能体悟到这一点。张楚廷就此专门论述道:"经济、科技、政治等方面的体制改革是外在的,观念则是内在的,内在的东西改革了,自己就直接受益了,它具有根本性;而且,观念改革了,其他一切改革就有了比较好的条件。"④

人们常说"观念先行",教育领域同样如此。复旦大学管理学院原院长郑祖康就有这样的体会:做院长"要有总体的 idea,也要有应付处理各种事情的 idea,没有 idea 就没有一切。只好以其昏昏使人昭昭"⑤。(这里的"idea"实质上就是指观念)清华大学经济管理学院前院长钱颖一也持同样看法:"做正确的事是靠思想、靠理念。我们做教育,要靠教育理念,要有教育思想。"⑥他在学院牵头实施进而推及全校的本科教育改革之所以能够平稳、顺利、成功,就在于一系列正确观念——"育

① 〔阿根廷〕马里亚诺·格龙戈纳. 经济发展的文化分类〔G〕//〔美〕塞缪尔·亨廷顿,劳伦斯·哈里森. 文化的重要作用. 程克雄,译. 北京:新华出版社,2002:81.
② 〔美〕特伦斯·迪尔,艾伦·肯尼迪. 新企业文化:重获工作场所的活力〔M〕. 孙健敏,黄小勇,李原,译. 北京:中国人民大学出版社,2008:引言 8.
③ 中共中央党史和文献研究院,中央"不忘初心、牢记使命"主题教育领导小组办公室. 习近平关于"不忘初心、牢记使命"论述摘编〔M〕. 北京:中央文献出版社、党建读物出版社,2019:346.
④ 张楚廷. 改革路上:张楚廷口述史〔M〕. 武汉:华中科技大学出版社,2019:182.
⑤ 郑祖康. 管理管理学院〔M〕. 上海:复旦大学出版社,2007:51.
⑥ 钱颖一. 大学的改革:第二卷〔M〕. 北京:中信出版社,2017:81.

人比育才更根本""学会思考比学会知识更重要""综合性大学中要充分发挥学科'融合'、学问'会通'"等①——的确立及贯彻。素有当代教育家、哲学家、思想家、改革家美名的湖南师范大学前校长张楚廷也是"观念先行"的倡导者。他非常看重观念的作用,曾称:"当校长,不在于西装革履,仪表堂堂,出口成章,而在于他的观念,他对大学的理解。"②他任校长时,就提出并贯彻了若干看似"另类"却富有哲理又很见成效的办学观念。如"大学里的人、财、物、时的姓氏是一样的,它们都姓'学'。基于这种看法,我有自己相应的管理观念或原则,那就是:钱为学所花;时为学所用;物为学所置;人为学者先③。如学校管理应坚持"四项服务原则:上级为下级服务;机关为院系服务;行政为学术服务;一切为教学服务"④。如"师生员工,'生'字第一;教职员工,'教'字第一;一切活动,教学第一……我们干部……切实把自己摆在第二的位置而虔诚地为教学、科研服务的时候,我们的价值才充分显现出来了"⑤。又如,师资来去自由,不卡人、不卡档案。⑥再如,学生"只奖不评","仅仅以考分为标准,由高分到低分,奖励前三或前五名","考试评分以外不再有任何其他非学术性评价"⑦。

---

①　钱颖一. 大学的改革:第二卷[M]. 北京:中信出版社,2017:81-82.

②　张楚廷. 改革路上:张楚廷口述史[M]. 武汉:华中科技大学出版社,2019:8.

③　张楚廷. 学校管理的几个观念[J]. 现代大学教育,2011(6):17.

④　张楚廷. 学校管理的几个观念[J]. 现代大学教育,2011(6):17.

⑤　张楚廷. 改革路上:张楚廷口述史[M]. 武汉:华中科技大学出版社,2019:49-51.

⑥　像湖南师范大学这样的高校,为什么敢采取来去自由政策呢?因为,"越是条件相对较差的学校,越应当实行来去自由的政策。一来到你这里就被卡死了,别人想来试一试的可能性也更小了。来去自由,别人就可能来尝试一下,觉得不行就拜拜了;觉得还行就留下,留下后还是发觉不合适,仍可离开"。更为重要的是,"实行卡人、卡档案等限制措施,人事处的工作人员就容易工作作风简单,甚至粗暴。一旦来去自由,命运握在别人手里,人事处就不敢这样了"。后来的事实证明,来去自由政策确实引起了该校机关工作作风的深刻变革。更多对来去自由的理性分析,请见:张楚廷. 改革路上:张楚廷口述史[M]. 武汉:华中科技大学出版社,2019:65.

⑦　只奖不评的益处,"首先是大大减少学校评和奖的范围",而"最大优点是,非学术性因素难以介入了,学生可以掌握自己的命运了。只要成绩好,得了前几名,用不着自己申报,奖就来了"。"为什么湖南师范大学的读书氛围很好?在许多原因之中,有一个原因就是,学生可以自己把握自己,不必担心有什么来自外界的不公正对待。"张楚廷. 改革路上:张楚廷口述史[M]. 武汉:华中科技大学出版社,2019:234-235.

"先进的观念构成和风、春风;落后的观念往往构成逆风,甚至是歪风。"①在学院文化建设中,我们一定要重视正确、先进观念的确立,确立后还应予以加强贯彻落实,只有这样才能使学院文化建设渐入佳境、蔚然成风。

最后需要说明的是思想与观念的关系。思想一般是指人们经过反复思考和深入探索而形成的比较系统的认识,而观念则常指人们长期以来有意无意形成的对事物的某种看法或初步认识。尽管在表现形式上两者隐含着细微的区别,但总体而言,实无本质差别。"除非极特殊情况,实际上既不可能也无必要把二者严格区分开来。"②我们平常就习惯将其说成"思想观念";不少辞书也把"思想"解释成"观念",把"观念"解释为"思想"。

二、态度

态度是个体对自己所生活世界中某特定对象(人、事、物及观念、情感等)所持有的稳定的心理倾向。这种心理倾向蕴含着个体的主观评价以及由此产生的行为倾向性。

态度是心理学术语,较为抽象,理解起来较为困难,而举例更容易说明白。本书以张楚廷的著述为例来说明什么是态度。他在《人论》里谈了自己对人的主观评价:"人,每个人,在我心中都是神奇的、神圣的,无论文化高低、贫富贵贱都是这样。我身为人而对人有无限深厚的感情。这种感情也催促我动手写作,写下那番神奇,写下那般神圣。"③这段话充分反映了他对"神奇的"且"神圣的"人的崇敬(态度);特别是他对人的这份"无限深厚的感情",更是鲜明地表达了他对人的赤诚(态度)。此种态度会自然生发出一种心理倾向性:"我总忘不了要感谢这个时代,感谢我们的国家在繁荣富强、伟大复兴进程中为我们带来的许多前所未有的机会"④;"从父母到我们的先祖,再到我们的民族,都深深地印刻在我的生命中。我向他们鞠躬、叩头、跪拜,用我的无限虔诚与奋发努力来感恩上天和大地"⑤。他是"无限虔诚"的,无论对人,还是对事;无论对什么人,还是对什么事。这只要看看

---

① 张楚廷. 院校论[M]. 重庆:西南师范大学出版社,2015:87-88.
② 韩延明. 哲学的观点:大学理念——理性认识与理想追求[G]//潘懋元. 多学科观点的高等教育研究. 上海:上海教育出版社,2001:79-80.
③ 张楚廷. 人论[M]. 重庆:西南师范大学出版社,2015:前言 1.
④ 张楚廷. 张楚廷教育文集:第 5 卷[M]. 长沙:湖南教育出版社,2007:731.
⑤ 张楚廷. 人论[M]. 重庆:西南师范大学出版社,2015:总序 3.

他对自己的要求就会一目了然——"我对自己也有一些要求,例如,不要官腔,不说套话,不搞假大空,不去要求别人而只要求自己……永远保持平民调,保持一颗平民心。更不要神气,神气即俗气……无论站在什么位置,无论取得了一点什么成就,我都做得到:低调做人,高调做事。无盛气凌人,有壮志在心。……我还有一条垫底的原则:真话不一定都说出来,说出来的一定是真话,他人有权利知晓的话一定要说出来。"①他又的确是"奋发努力"的:"我大体上养成了除睡梦状态外的一切场合不停思考的习惯,其实,这还是不够的。思考是大脑的运转,我常常还想想我运转的速度如何,365 天,不太可能每天的转速都很快,但平均转速要很快。自由之'父',时间之'母',若没有让自己的父母恩赐给自己的大脑充分有效快速地运转,它们也将无能为力。要对得起'父''母',更要对得起父母。"②"趁着脑子还管用,就不断运转吧,不要枉对了祖宗和父母赐给自己的这副最宝贵的脑子。"③他是这么说,也是这么做的——夜以继日地思考、"马不停蹄"地劳作,已指导过博士、硕士百余人,发表论文 1200 篇、诗作 1010 首,出版著作 100 部(70 部为独著,其余为合著或主编),讲授过 23 门不同课程,在 100 多所大学做过 300 多场学术演讲……④

进一步看,态度自身就是一个完整性构造。一般认为,态度内含知觉成分、情感成分、行为意向成分。知觉成分指的是对事物的认识、理解、评价。情感成分主要是指心境、热情、激情和应激等。行为意向成分包含着行为准备状态、行为反应倾向及行为中的意志。其中,意志表现为自觉性、果断性、坚持性和自制性,是自觉地确定目的并支配调节自己的行为以克服各种困难实现目的的心理过程。

人是会思考、会主动建构的个体。在建构过程中,作为心理倾向的态度会把个体的判断和思考引导到一定方向,从而影响个体对情境的反应,譬如对某人、某事、某物喜欢或不喜欢的评价性反应。

在此意义上,态度即待人、处事、接物的心理准备。这种心理准备终会在人们的信念、观念及情感和行为中表现出来。由此,态度充当心理图式和框架,决定行为的潜在动机,这有利于个体保持清醒的意识状态和正确的定向,促进个体心理

①　张楚廷. 人论[M]. 重庆:西南师范大学出版社,2015:214.
②　张楚廷. 高等教育哲学[M]. 长沙:湖南教育出版社,2004:437.
③　张楚廷. 改革路上:张楚廷口述史[M]. 武汉:华中科技大学出版社,2019:268.
④　截至 2015 年的统计数据。数据来自:张楚廷. 人论[M]. 重庆:西南师范大学出版社,2015:封面.

冲突的解决,增强其对挫折的忍耐力,以顺利实现预期的目标。

态度是如何有助于实现预期目标的?这里以浙江大学信息与电子工程学院60年发展史中的一个例子——1960年前后"'干'字当头,朝气勃勃"的无线电系为证:

> 在苦难面前有两种态度:一种是"干"字当头,破浪前进,这是革命战士的英勇气概;另一种则是"难"字当头,畏缩不前,那是懦夫和懒汉的世界观。在特殊年代成立的无线电系,面对苦难采取的正是"干"字当头的态度。在上级党委的领导下,那时的无线电系加强集体领导,充分发动群众,事事力争上游,扫除种种困难,各项工作出现了勃勃生机。

> ……成立之初,无线电系教研组的6位教师全部都是转行的。刚成立教研组时,教师们连自己专业是搞什么的都不太清楚,其中有一半人还是刚刚提前毕业的,不仅专业课要补,连数学、物理等基础课也要补。要在这样的条件下办这样一个新专业,困难非常之多。但所有人都鼓足了干劲,发扬了苦干、实干、巧干的精神和敢想、敢说、敢为的风格,在1959年12月就完成了3项科研,另外2项对国民经济具有重要意义的科研也已取得初步成果。①

需要指明,态度是存于内心的一种倾向性,并不能直接被观察到,只能从外在的言谈举止来探知。反过来说,人的言谈举止中总是带有一种态度,我们可以从如何待人、如何处事的言谈举止中管窥其中所蕴藏、隐含的态度。兹举三例如下。

回首当年远在边陲的西南联大,条件异常艰苦,教师们是怎样对待工作的?朱自清先生的孩子朱乔森教授告诉我们:

> 在云南蒙自和昆明的时候,生活很困难。但我父亲仍是兢兢业业地工作,每天仍是夜里十二点钟以后才休息。对学生严格要求,对自己毫不放松。他工作起来仍是说到做到,一点也不容拖延。有一次父亲得了痢疾,可是他已答应学生第二天上课发作文,于是他便连夜批改学生的文章。母亲劝他休息,他只是说"我答应明天给学生的。"他书桌边放着马桶,整整改了一夜作文,拉了30多次。天亮后,我看他脸色蜡黄,眼窝凹陷,人都变了相。而他却脸都没洗,提起包就去给学生们上课了。抗

---

① 赵颂平,王震. 甲子峥嵘 弦歌而行——浙江大学信息与电子工程学院60周年院史文集[M].
杭州:浙江大学出版社,2017:59-60.

战胜利后,他病重时还提起这事说:"我的身体不行了,悔不该那次拉痢疾还熬夜,使身体太亏了。"父亲一辈子做事都是言而有信的。只要做答应的事,过多长时间他都记得,多么艰苦都做到,而且大事小事都一样。……他对教学更一丝不苟,认真负责,给学生改作文都是字字斟酌的。有一回他给一个学生的文章改了一个字,过后他又把那个学生找来说:"还是用你原来的那个字吧!我想还是原来那个字好。"①

"对学生严格要求,对自己毫不放松",就是朱自清对待教学、对待学生、对待自己的态度。

再如,钱穆记载了当时吴宓极其认真的教学态度:

当时四人(教师)一室,室中只有一长桌。入夜雨僧(吴宓别号)则为预备明日上课抄笔记,写提要,逐条书之,有合并,有增加,写成则于逐条下,加以红笔勾勒。雨僧在清华教书,于少已逾十年,在此流寓中上课,其严谨不苟有如此。……翌晨,雨僧先起,一人独自出门,在室外晨曦微露中,出其昨夜所写各条,反复循诵,俟诸人尽起,始重返室中。余与雨僧相交有年,亦时闻人道其平时之言行。然至是乃始深识其人,诚有卓绝处,非日常相处,则亦不易知也。②

第三例是北京大学宗教文化研究院副院长、佛学教育研究中心主任李四龙教授回忆楼宇烈先生:

我的导师楼先生对我宽容大量。这个宽容大量不是说我做错事了宽容大量,而是在学术上给予一种自由的发展。人文学者里面有些老师,说的直接一点,就是很霸道,学生有一点新的想法或者做的跟他不一样,他就会横加干涉,甚至是威胁。楼老师不会这样,他总是给你把一个大方向,给你一些提醒,然后让你去自由发展。我的一些学术方向,基本上是在他的启发下自己琢磨。只有这样培养起来的学习兴趣,才会历久弥新,不管遇到什么麻烦,我们都会任劳任怨。③

① 徐葆耕. 清华精神生态史[M]. 北京:中国水利水电出版社,2011:113.
② 转引自:徐葆耕. 清华精神生态史[M]. 北京:中国水利水电出版社,2011:113.
③ 李四龙. 问学佛教大世界[G]//知识实验室. 我在北大当教授:20位北大学者访谈故事集. 上海:东方出版中心,2018:51-52.

最后,补充两点说明。第一,态度同观念一样,不是生来就有的,是在社会生活中逐步形成的,一般会经过依从—认同—内化的递进过程。第二,从时间跨度上看,态度是有一时态度与一贯态度之分的。本书探讨的是后者——譬如,"正直诚实,敬业尽责,尊重宽容"(即"学院作为一个社区的核心价值")是清华大学经济管理学院自 2014 年 5 月起就一直坚持贯彻落实的对己、对事、对人的一贯态度。①

第四节　要素：基本—特别

学院文化既然是学院成员长期共有的包括信念、观念、理想、态度的精神体系,那么这套精神体系里的信念、观念、理想、态度究竟是关于什么的? 也就是到底是怎样的信念、观念、理想、态度? 这就涉及文化所包含的要素问题。

一、基本要素

作为学院人长期共有的精神体系,学院文化应首先包含学院作为一般性组织而应具备的一些信念、观念、理想、态度,在此称之为"基本要素"。

学院文化的基本要素应为何物? 这里可以参照从国家、社会、公民三个层面解构、阐释作为中国文化自信的灵魂的社会主义核心价值观的范式②,从个体与群体两个层面来探析。

(一)个体层面

个体层面的基本要素指的是,作为个体的学院人对己、对人、对事、对物的信念、观念、理想、态度。至于这套信念、观念、理想、态度具体是什么,会因学院的不同而不同,从而显示出各自的文化个性。譬如,清华大学经济管理学院,依据《清华大学师德规范》制定发布了《清华经管学院教师行为准则》,对每一位教师提出最基本的要求:"清华大学经济管理学院教师应恪守中国法律法规和清华大学和清华大学经济管理学院各项规章制度。教师应坚持自身修养,建立并维护个人正

---

① 钱颖一. 大学的改革:第二卷[M]. 北京:中信出版社,2017:94.
② 国家层面:富强、民主、文明、和谐;社会层面:自由、平等、公正、法治;公民层面:爱国、敬业、诚信、友善。

直品格。教师应爱岗敬业，尊重学生和同事，合作互助，专注于教学、学术和服务。在与社会各界的交流中，教师应恪守行为规范，维护学校和学院形象。教师不应以性别、年龄、种族、信仰、国籍、财富或者工作为由歧视他人，不应使用辱虐性质的言辞，不应以不当方式与他人发生肢体冲突。"①

（二）群体层面

相对个体层面，群体层面的基本要素指的是，作为群体的学院人对己、对人、对事、对物的信念、观念、理想、态度。至于这套信念、观念、理想、态度具体是什么，也会因学院的不同而不同，从而显示出各自的文化个性。仍以清华大学经济管理学院为例。该院非常重视学院文化建设，一度将其作为学院发展的重点优先工作。该院的一些信念、观念、理想、态度，诸如"使命：创造知识、培育领袖、贡献中国、影响世界""愿望：成为世界一流的经济管理学院""把教师作为根本推动力""为人先于为学""追求完美"②；"目标要明确，过程要细致"③；"学院作为一个组织的高效运行取决于行政管理职业化"④；"学院是大学的一部分，学院制度应在大学制度的框架下制定"⑤都体现了该院文化在群体层面上所特有的鲜明个性。

二、特别要素

"大学者，囊括大典，网罗众家之学府也。"⑥"大学者，研究高深学问者也。"（蔡元培语）"大学不同于其他组织，是出思想、出学问、追求真理、教书育人的地方。"⑦哈佛大学原校长德鲁·福斯特曾在一次演讲中说："大学与所有这些组织不一样的地方，就是它主要不是关注现在，而是关注过去和未来"。"关注过去就是研究历史，关注未来就是思考人类的前程和命运。"⑧

清华大学经济管理学院在推进教师人事制度改革中曾形成一整套改革理

① 钱颖一. 大学的改革：第二卷[M]. 北京：中信出版社，2017：482.
② 钱颖一. 大学的改革：第二卷[M]. 北京：中信出版社，2017：25.
③ 钱颖一. 大学的改革：第二卷[M]. 北京：中信出版社，2017：17.
④ 摘自钱颖一与杨斌合写的《三十风采》(2014年4月22日，发表于《新清华》经济管理学院建院三十周年专刊)。
⑤ 钱颖一. 大学的改革：第二卷[M]. 北京：中信出版社，2017：69.
⑥ 高平叔. 蔡元培教育论集[M]. 长沙：湖南教育出版社，1987：213.
⑦ 钱颖一. 大学的改革：第一卷[M]. 北京：中信出版社，2017：86.
⑧ 钱颖一. 大学的改革：第一卷[M]. 北京：中信出版社，2017：86.

念——本着"三个毕竟",秉持"两个兼顾"(既要与规范的现代大学制度接轨,又要符合国家、大学和学院的实际情况;既要考虑长远目标,又要有合适的过渡措施),坚持"一个公正"(程序公正)。其中的"三个毕竟"——"我们毕竟是大学",所以大学就不是企业或公司,也不是政府机关;"我们毕竟是大学教师",所以教师就不是工人、农民,不是经营管理者,也不是党政干部;"我们从事的毕竟是创造性、思想性的工作",所以教师的工作就不是流水线上或程序化很强的工作,也不是容易度量其质量的工作——在一定程度上反映出大学与学院作为学术组织的独特之处。①

如果要深究大学独特的根本原因,就应回到大学之所以为"大""学"上来。对此,张楚廷从高等教育哲学层面给出了精当、精透的阐释,谨照录如下:"学校之意就在一个'学'字,大学之意则在'学'上还要加一个'大'字,大学是做大学问的地方。"②当然,更准确地说,"大学的根本特点不是它大,而是它高。并且,因为智慧的聚集和充分的自由而能走向更高"③。特别是,"大学着重于一个'学'字,并在'学'字上倾注自己的思想、理论,倾注自己的精神"④。总之,"学校研究一切,却并不从事一切,学校的使命,集中在做学问上。尤其是大学,它是一个大写的'学'字;写不大,还称不上大学啊"⑤!

基于学院作为学术性组织而具有如上特质,笔者认为,凡是完整而丰富的学院文化,都应包含(但不限于)关涉学术、学者、学生的信念、理想、观念、态度等要素——这些要素是学院这一学术性组织而非一般性组织所特有的,因而称为"特别要素"。

(一)学术及学术工作

何为学术?"狭义的学术概念仅指研究活动及其结果,广义的学术概念泛指各种知识性活动及其结果,因而在广义概念下,学术包含了教学。"⑥此处,"知识"这一术语本身也是广义的,含科学、技术、思想等。因此,研究主要是有关知识发

---

① 钱颖一. 大学的改革:第一卷[M]. 北京:中信出版社,2017:150-151.
② 张楚廷. 高等教育哲学[M]. 长沙:湖南教育出版社,2004:163.
③ 张楚廷. 院校论[M]. 重庆:西南师范大学出版社,2015:110.
④ 张楚廷. 院校论[M]. 重庆:西南师范大学出版社,2015:113.
⑤ 张楚廷. 改革路上:张楚廷口述史[M]. 武汉:华中科技大学出版社,2019:276.
⑥ 张楚廷. 品味大学品位[J]. 河北科技大学学报(社会科学版),2001,1(2):7.

现、发明的学术活动,教学则主要是有关知识传授的学术活动。"大学当然是学术的,它是做学问的地方。传授学问,研究学问,发展学问,创立新的学问,皆学术也。大学是从事学术活动并通过这种活动培养学生的地方。"①

关于何为学术,笔者有自己的理解,特在此阐明。顾名思义,"学术"乃"学"与"术",即学问艺术、科学技术。围绕学术而开展的工作则称为"学术活动",大学学术活动主要包括研究(学术的发现、发明等)、教学(学术的传授等)、服务(学术的传播等)。需要特别提示的是,这些学术活动本身也有内在的特定学问艺术、科学技术,因而,也会生成独立的学术,如科学学、教学论(教学学)。

1. 学术的地位

学院文化,不同于其他组织的文化,应特别重视、强调、突出学院之所以为学院的根本所在——学术。"大学首先是一个学术机构,大学是学术的,学术性是大学赖以生存、发展的基础。"②"大学的使命是发展学术,而学术是大学的生命。"③"基础""生命"凸显出学术在大学发展及学院运行中的地位。例如,北京师范大学哲学与社会学学院的学院文化就特别重视学术在学院发展中的重要地位,"学科建设是学院发展的'发动机'与'生长点',事实上,学科建设始终是学院工作的重中之重"④,"有没有学科的优势,也就是有没有自己的'拳头'产品,是一个学校,一个院、系是否具有雄厚实力的一个主要标志"⑤。

2. 学术工作如何开展

除了确立、摆正学术的上述地位之外,学院文化若想重视、强调、突出学术,关键是要落实"学术工作如何开展",譬如对学术工作的包容。兹举几例说明之。

媒体报道,"南大人才评价不唯论文:入职三年无重要成果仍能通过考核"。事情经过是,南京大学现代工程与应用科学学院聂越峰教授 2015 年入职南大,起初与学生们忙着搭建实验室,不断调试实验设备,而导致前三年一直没有重要的

①　张楚廷. 大学八特征[J]. 大学教育科学,2013(4):125.

②　吕立志. 崇尚学术:中国大学文化建设内在之魂[J]. 高等教育研究,2011(1):15.

③　张楚廷. 大学的文化自觉初论[J]. 现代大学教育,2010(3):22.

④　北京师范大学哲学与社会学学院. 我的北师大情怀:献给建校 110 周年[M]. 北京:同心出版社,2012:11.

⑤　北京师范大学哲学与社会学学院. 我的北师大情怀:献给建校 110 周年[M]. 北京:同心出版社,2012:23.

科研成果,但学校和学院并没有给他压力——在其工作第三年考核时,学校和学院表示理解,让其通过。没过多久,他率领的团队便研制出当时世界上最薄的钙钛矿二维材料,成果发表于 2019 年 6 月 6 日的《自然》杂志。该校人力资源处副处长称:"我们对人才的评价不唯论文,主要看科研状态和同行评价。每一个考核周期快要结束前,学院和学校会组织校内外的专家进行评审,即使没有重磅的论文,但如果有不错的科研设想,展现出研究潜力,我们也认可。"这个例子充分体现了学校及学院对学术工作的理解及包容。

曾在北京大学生命科学学院工作过的谢灿也有过这种经历。他在 2009 年离开哈佛大学入职北大并组建分子生物物理学研究室,第六年才发表第一篇论文,八年内共发表两篇论文,从而受到"警告"差点儿被"赶出北大",但最终被留下来。且看他本人的述说及感慨:

> 北大其实是"水很深"的地方,但它的好处就在于什么类型的人都能找到自己的沃土,都有可能活下来。……我记得在我中期评估的时候(2013 年),委员会最后给我的评估意见是"警告",大概本来的意思是要把我给赶出北大的,再三斟酌后还是决定给我一个机会。于是,我险而又险地留下来了,接着做我一直在做的事情,也是我一直想做的事情。……两年后,我们发表了磁感应的文章(2015 年);四年后,我们发表了章鱼变色的文章(2017 年)。两篇文章,开辟了两个全新的领域,两篇文章都在国际学术界和国际社会引起了轰动和激烈的讨论。我很幸运,北大是如此之大啊(虽然校园很小),它的心也很大,它用它宽广的心,容纳着很多像我这样的人。我想,这也是北大独有的魅力吧,"水很深"的北大并不有损北大这种独特的魅力。[①]

北京大学的包容已成为一种传统,渗透、弥漫于校园的每一处。包容是学术工作所必需的。对教师个人来说,"包容比苛求更能让人不敢懈怠和放任自流"[②]。

---

① 谢灿. 寻找生命的方向[G]//知识实验室. 我在北大当教授:20 位北大学者访谈故事集. 上海:东方出版中心,2018:136-137. 注:2015 年谢灿发表的磁感应方面的论文,首次发现了动物对磁场感知的磁受体基因及其编码的磁感应受体蛋白 MagR,并提出了动物感磁、迁徙和生物导航的分子模型,即"生物指南针"学说。该成果被选入"2015 年度中国生命科学领域十大进展"。

② 黄桂田. 有容乃大 受益惟谦[G]//北京大学经济学院. 百年华章:北京大学经济学院(系) 100 周年纪念文集. 北京:北京大学出版社,2012:171.

而从学院层面乃至学校层面来讲,包容也是最有利于学术繁荣的。"包容,也是学术活动和学科建设必需的氛围。蔡元培老校长兼容并包的办学理念代代相传,北大为此而为北大。正是学术研究和创新过程比其他一般行当的劳作更具有艰苦性、持续性、严肃性、严格性、严谨性甚至寂寞性,所以更需要包容和宽待的人文氛围,尤其是对于人文社会科学的研究活动,更需要学者精神上、心情上处在放松状态,才能产生好的效果。"①

(二)学者及其作为

此处的"学者"指学院里专门从事教学、研究等学术工作的人,也就是一般所称的"教师"。

1. 学者的地位

学者(教师)在学院发展中处于中心地位,发挥着关键作用。最能说明这一点的论说,莫过于梅贻琦的"所谓大学者,非谓有大楼之谓也,有大师之谓也"②。的确,"一所大学最重要、最宝贵的资产就是学者。调动起了学者们的创造潜力,大学就会办活;唤醒学者们内心的价值和精神追求,大学就会风清气正;激发起学者们的主人翁责任感,大学的发展就有了根基"③。

学院文化应重视、强调、突出教师的上述地位。曾任北京师范大学哲学与社会学学院(2015年更名为"哲学学院")院长的江怡、党委书记韦蔚,在北京师范大学建校110周年、哲学与社会学学科发展也历经百年历史之际,予以回望、进行总结时特别强调,"教师是学院生存和发展的主体,教师强则学院强,教师弱则学院弱"④;而在展望未来("十二五"期间)发展,拟实现若干重大目标(例如,哲学专业成为一级国家重点学科,在全国同行中排名六七位;思想政治专业保持国内一流;社会学进入国内前列),力争"把学院建成特色明显、学科精良、队伍齐整、学风扎实、具有较强竞争力和持续发展能力的国内一流学院"时,仍指明:"关键在于通过相应的引导、组织和激励措施,激发教师的使命感和事业心,促使教师业务水平、

---

① 黄桂田. 有容乃大 受益惟谦[G]//北京大学经济学院. 百年华章:北京大学经济学院(系)100周年纪念文集. 北京:北京大学出版社,2012:171.

② 刘述礼,黄延复. 梅贻琦教育论著选[M]. 北京:人民教育出版社,1999:10.

③ 林建华. 校长观点:大学的改革与未来[M]. 上海:东方出版中心,2018:92.

④ 北京师范大学哲学与社会学学院. 我的北师大情怀:献给建校110周年[M]. 北京:同心出版社,2012:10.

研究能力的不断提高和学术共同体的形成"①。

曾任清华大学经济管理学院院长的钱颖一也认为:大学是学术机构,"教师是研究和教学的主体,在学院中具有特殊地位和作用"②。其地位和作用的"特殊",不应停留在口头上、表面上,应落到实处。于是,他进一步重申:"学院中的学术问题必须主要由教师决定,实行教师治学。教师治学主要体现在维护学术自由和教师在学术标准制定(包括研究和教学)中的主导作用上。"③

2. 学者如何作为

在申明、确立、落实如上学者的地位之后,学院还应就"学者如何作为"(包括"不应做什么")提出要求。只有这样,才能真正将学者即教师的作用发挥出来,其地位也才能真正得以体现、落实、彰显。

仍以清华大学经济管理学院为例。2014年5月19日通过并颁布实行的《清华经管学院教师行为准则》,除了对教师提出一般性要求之外,还有与学术工作有关的若干具体要求,如:

> 在教学及与学生关系方面,教师应:认真教学,完成学院要求的授课工作量;尊重学生学习的权利;尊重学习的多样化背景,平等对待每一位学生;关注学生的未来发展。教师不应:以不正当理由推脱学院或系安排的正常教学工作;伤害、侮辱或者戏谑学生;以任何途径或方式发布或传播学生私人信息,或未经证实的传言;在成绩上照顾有特殊关系的学生,比如助教或指导的学生等;收受学生现金和贵重礼品的赠予;与有授课或指导等利益相关的学生建立超越师生关系之外的关系,包括恋爱关系或经济关系。

> 在学术与研究方面,教师应:忠诚于学术,有效地参加学校、学院以及所在系组织的学术活动;保持学术研究的客观性与独立性,应披露所受研究资金的来源;对负责或参与的研究项目投入相应的时间与精力,确保项目的顺利进行与完结;规范地使用科研经费;在向媒体和公众发布与学术和研究相关的言论时,采用负责任的态度。教师不应:从事抄

---

① 北京师范大学哲学与社会学学院. 我的北师大情怀:献给建校110周年[M]. 北京:同心出版社,2012:10.

② 钱颖一. 大学的改革:第二卷[M]. 北京:中信出版社,2017:69.

③ 钱颖一. 大学的改革:第二卷[M]. 北京:中信出版社,2017:69-70.

袭、剽窃、伪造科研数据等学术造假活动;利用自身影响力而非贡献要求他人在其文章或著作中添加作者名字或改变作者顺序;在文章或著作中添加没有贡献的作者;使学术的客观性和公正性受到研究资金来源的影响。①

(三)学生及其发展

1. 学生的地位

上述教师的地位,是因办学而得到的。那么,办学又是为了什么? 这就说到了学生的地位。

学院文化中,应重视、强调、突出学生的地位。譬如,北京大学将"学生培养是大学最核心使命"作为"大学的基本价值"②。而清华大学的一位教授说过的一句话——"一所大学如果没有论文发表,它当然算不上是一所一流大学;但是如果在教学上失败,它甚至都不配称作大学"③——也表达出该校对人才培养的高度重视。若从学院层面来看,钱颖一所秉持并倡导的"大学为学生"理念则很具代表性:

> 我的办学理念可以概括为一个目的,就是"大学为学生"。……《新清华》清华经管学院建院三十周年专刊的首页……居中位置上放了七个大字:"经管学院为学生"。……事实上,学生、教师、社会、国家都是大学的"利益相关者";教书育人、研究探索、服务社会、服务国家都是大学使命的组成部分。在实际工作中,在兼顾四个方面的同时,在不同时期,总会有不同的优先和侧重。中国教育界的现实情况是,在建设世界一流大学的目标下,在急功近利的大环境中,教师和研究、服务国家和社会更容易获得优先考虑,而学生和育人更容易被忽视。所以,我认为在目前的情况下,很有必要强调"大学为学生"的办学理念。④

2. 如何促进学生发展

在申明、确立、落实如上学生的地位之后,学院还应就"如何促进学生发展"提

---

① 钱颖一. 大学的改革:第二卷[M]. 北京:中信出版社,2017:482-487.
② 林建华. 校长观点:大学的改革与未来[M]. 上海:东方出版中心,2018:24.
③ 钱颖一. 大学的改革:第一卷[M]. 北京:中信出版社,2017:17.
④ 钱颖一. 大学的改革:第二卷[M]. 北京:中信出版社,2017:2.

出自己的主张及措施。只有这样,才能真正落实人才培养的第一要务,也才可能真正体现以生为本的地位。

如何促进学生的发展?首先应考虑其目的、目标问题,然后再考虑方式、方法问题。在清华大学经济管理学院前院长钱颖一看来,"大学教育的首要目的是教育青年成为'有教养的文明人',不只是'有用的机器'"①。面向"有教养的文明人"这一教育目的、培养目标,应坚持"育人"重于"育才"、"思考"重于"知识"、"长期"有用重于"短期"有用。② 该院特别重视本科生通识教育,确立了价值塑造、能力培养、知识获取三位一体的培养目标。特别值得一提的是,该目标中价值、能力、知识的先后顺序凸显了价值在教育青年成为"有教养的文明人"中的重要性。

该院在通识教育(开设的本科通识课程见表5)基础上,特别重视学生的个性发展,采取的方式方法主要有为学生配备指导教师、校友导师,开设十几门新生研讨课,开设学术、创业、领导力三个方向的"优秀人才培养计划"课程,同时开设多层次的英语和数学课程。

表 5　清华大学经济管理学院本科通识教育课程

国家统一要求课程 (4门)	通识教育基础技能课程 (8门)			通识教育核心课程组 (8门)		
思想政治理论课	中文	英语	数学	人文	社会科学	自然科学
思想道德修养与 法律基础	中文写作	英语口语	线性代数	中国文明	基础社会 科学	物质科学
中国近现代史纲要	中文沟通	英语写作	一元微积分	西方文明	中国与世界	生命科学
马克思主义基本原理			多元微积分	批判性思维 与道德推理		
毛泽东思想和中国特色 社会主义理论体系概论			概率论与 数理统计	艺术与审美		

在明确了目的、目标与方式、方法之后,就要看是否能够贯彻落实了。而能否贯彻落实,最为关键的则要看教师,因为"教学是地地道道的良心活,心不在,再好

---

① 钱颖一. 大学的改革:第一卷[M]. 北京:中信出版社,2017:18.
② 钱颖一. 大学的改革:第二卷[M]. 北京:中信出版社,2017:170.

的培养模式都不会有效果"①。

在教师敬业爱生这一点上,有可称之为典范的一例——国立西南联合大学时期的理学院:

> 吴有训……被任命为物理系主任、理学院院长之后,立即着手招揽大师……先后请了一批著名教授来联大执教……诲人不倦,严字当头,是这些教师们的共同特点。中国科学院院士王希季是对"两弹一星"研制有卓越贡献的专家。他谈起西南联大学习时的生活,印象最深的是教师一丝不苟,要求严格。有一次,机械零件课考试,他自己估计是六七十分,卷子发下来却是零分。这是他万没料到的。刘仙洲教授的严格让人害怕,但这次未免过苛。后来他渐渐明白:在工程设计中,哪怕是百分之一的错误,带来的结果也是全部报废。"要么是一百,要么是零。"这个零分使他终生引为教训。在从事导弹研究中,他以此要求自己,也要求学生,绝不允许出哪怕百分之一、千分之一的失误。他深为感慨地说:"没有当初的'零蛋',也没有今天的'导弹'。"严师出高徒。在联大 8 年中,仅物理系造就的优秀人才就有李政道、杨振宁、朱光亚、邓稼先……算学系有廖山涛、万哲先、严志达……化学系毕业生中有 11 位为中科院院士……②

3. 学生如何表现

前面所论学生的地位与如何促进学生发展是从学生之外的角度而言的,对学生自身来说,还涉及如何表现的问题。当然,关于学生如何表现,也有学生之外的角度,即教师、管理者对学生应如何表现的要求、期望。如东北师范大学历史文化学院的《史苑学则》,字字珠玑,句句精辟,包含着对学生的殷切期望:

> 一、坚持真理,尊重多元;爱民爱国,四海关心。

> 二、认真、诚实,为做人之基准;勤奋、刻苦,为求学之功力;博览、深思,为治学之方法;经世、博爱,为格致之标的。

> 三、心志要苦,意趣要乐,言动要谨,气度要宏。

> 四、庄重为上,嬉戏为下;好问为上,自是为下;不苟为上,偷闲为下;自惩为上,人责为下。

---

① 林建华. 校长观点:大学的改革与未来[M]. 上海:东方出版中心,2018:158.
② 徐葆耕. 清华精神生态史[M]. 北京:中国水利水电出版社,2011:118.

五、内求之外无胜人之法，自强之外无上人之术。怒宜实力消融，过要细心检点。

六、目不能两视而明，耳不能两闻而聪。学有所成，莫非用心一也；宝山空归，当思所戒无多。

七、德要教，才要真；学要笃，识要深。行必素位，非素位无以定础；思必出位，不出位难涉远幽。

八、读书应读最新与最古，解惑当晓至易即至难。真史家不拘于史，善吟者功在诗外。古之文学者，文而已矣；今之文学者，宜通文理。

九、毋独湎于丝绸之路，宜兼通于信息高速。皓首帖括，不及微机一指令；ABCD，始现世界大时空。

为人治学，异事而同理；内索外求，逆向而同归。观之若宝鉴，得失自审；引之如绳墨，裁弯取直。血气未定，恐忠言闻之逆耳；汝辈精英，虽响鼓亦需重锤。物竞天择，薄冰慎履；优胜劣汰，日日踧踖。道理如斯，尚祈勉之。

需要说明的是，有的学院文化，特别是其中的院训类训示，并非是单独指向学生的，而是指向所有师生乃至全体学院人的。像清华大学经济管理学院经过半年多讨论，于 2014 年 5 月确定的学院核心价值——正直诚实（对己）、敬业尽责（对事）、尊重宽容（对人）——就是如此。①

第五节　表达：语音—文字

前述成分、内核、外围、要素所指的都是学院文化的本体。此种本体往往是内隐的，从而不易被觉察，正如跨文化传播（交际）学的奠基人、美国人类学家爱德华·霍尔所指出的，“文化的重要部分安稳地深藏在显性知觉的水平之下”②。张楚廷也认为，“在我看来，文化似乎是分为显性和隐性的。隐性的文化自然只能用心去‘看’，但显性的文化，也不是一眼就能看见的。文化本身是潜在的，即使是行为文

① 钱颖一. 大学的改革：第二卷[M]. 北京：中信出版社，2017：94.

② 〔美〕爱德华·霍尔. 超越文化[M]. 何道宽，译. 北京：北京大学出版社，2010：209.

化,也不是指行为自身,而是指行为背后传达的精神"①。

"道可道,非常道;名可名,非常名。"尽管文化有如上的内隐性,出于某种目的(譬如可感知的需求——有意知晓,"我要知道";又如宣传的目的——主动宣示,"让人知道"),仍有必要将未显相(处于"无"的状态)的文化之本体"名"起来并"道"出来,亦即表达出来,从而使其得以显现,让人知道它的存在。正如张楚廷所点明的,"大学最宝贵的东西——文化,在形式上正是所谓虚的;另一方面,人们都希望先进的大学理念成为大学生活中处处可见的现实,或看到,或被感受到"②。

那么,如何将文化表达出来呢? 对此,有学者已经阐明:"由于一定社会群体的思想观念和心理状态,是通过该社会群体所使用的语言和行为表现出来的,因而,一定社会群体所使用的共同的语言和行为方式,便成为一定形态文化的最直接的表现形式。"③

可见,语言及行为是文化的主要表达途径。这里将重点论述前者——语言。

何为语言? 一般认为,语言是人类由于沟通需要而约定(规定、制定)的具有统一编码、解码标准的指令系统。这个指令系统,以声音或图像(符号)为物质外壳,以含义为内涵,由词汇和语法构成并能表达人类的思想及情感。广义的语言,除了包括语音、文字之外,还包括任何能够传情达意的动作(特别是手势)、表情以及各式各样的符号(如音符、图画、数学符号)。本书主要对语音与文字予以论说。

语言是人类的杰作,只有人类有真正的语言。尽管不少动物也能通过发出声音来表达感情或传递信息,但只有人类能将语音按各种方式组合,使其成为有意义的语言单位,再将众多的语言单位按各种方式组合成语句,从而用无穷变化的形式来表示纷繁复杂的意义。

语言之所以能够承担起"表示纷繁复杂的意义"这一重任,得益于它具备的几个特点:一是指向性——语言之声音形象("能指")可以指向对应的事、物("所指"),如树、人、上。二是描述性——体现语言含义。这一特性受语言的指向性影响,如人、大人、小大人,人、人民、人民的。三是逻辑性——语言是一种有结构、有规则的指令系统。

英国大文豪塞缪尔·约翰逊曾打比方说,"语言是思想的外衣"。凭借以上特性,语言得以表达人们意欲表达的思想,从而成为思维的物质外壳与表现形式。

① 张楚廷. 院校论[M]. 重庆:西南师范大学出版社,2015:107.
② 张楚廷. 高等教育哲学通论[M]. 北京:高等教育出版社,2010:383.
③ 申作青. 当代大学文化论[M]. 杭州:浙江大学出版社,2006:5.

甚而可以说,思维运动本身也是需要语言来组织的,因而"语言是思维的内容及其表达"①。

上面所谈"思维",在本书语境中,还仅仅囿于信念、观念这一范畴。其实,语言不仅是"思维的内容及其表达",还是情感(本书所关注的理想、态度等)的内容及其表达。当然,情感有时是与思维密切相关的——情感一般是思维之下或之后的心理反应,但毕竟不是思维本身。况且,有时,情感是脱离甚而完全独立于思维的。

需要指明,此处所言"表达",既包括无意识的自然流露式表达,又包括有意识的人为表露式表达。而表达的主要的语言途径不外乎两种:语音、文字。语音一般是自然流露式与人为表露式表达兼而有之;文字则通常是人为表露式表达。

一、语音

学院文化所包含的信念、观念、理想、态度常常会通过各式各样的包含发言、讲话的活动——特别是会议,如面向教职员工的新学期动员大会、期末总结大会,或面向社会召开的新闻发布会——而有意或无意地表露出来。

面向学生的类似活动,最典型的莫过于开学典礼和毕业典礼了。像曾经出任清华大学经济管理学院院长的钱颖一教授就是善用这种典礼宣扬学院文化的行家里手。举例如下。

2007年8月23日,是钱颖一担任院长之后第一次参加该院的本科生开学典礼。在典礼上,他面向新入学的2007级本科生讲道:

> 我们学院坚持"根植中国,面向世界"的办学理念。根植中国就是要强调学习、研究中国的经济和中国的企业,懂得中国的国情,体验中国的生活。……
>
> 同时我们又面向世界。我们要求学生不仅要有中国情怀,而且要有全球视野。……
>
> 我们学院的使命是要培养领导者,就是学界、商界、政界的带头人。不然我们就辜负了国家和社会对我们的期望。我们希望你们之中将来走出学术大师、商界领袖、政界领导人。这是清华经管学院的使命。②

---

① 张楚廷. 人论[M]. 重庆:西南师范大学出版社,2015:48.
② 钱颖一. 大学的改革:第二卷[M]. 北京:中信出版社,2017:111-112.

钱颖一任院长后,致力于本科教育改革,提出了富有创见的在校内外影响很大的若干教育理念及举措。在 2012 年、2013 年、2014 年清华大学经济管理学院本科生开学典礼上,他向学生阐释、申明了这些教育理念及举措中的一些重要内容,并特别讲了教育的三个基本问题,即"学什么""怎样学""为什么学"——2012年讲《"无用"知识的有用性》,谈到"在学什么方面要放远和放宽视野,要多学那些短期'无用'但长期有用的知识";2013 年讲《"学好"与"好学"》,谈到"在大学里,'好学'(好问、好奇、好思、好读、好言)是一种比'学好'还要重要的能力。大学更强调能力的培养,而非知识的学习";2014 年讲《"人"重于"才"》,谈到"'为人'重于'为学','育人'重于'育才'"。通过连续三年的开学典礼讲话,他系统地阐述了自己的本科教育理念:"在知识上,长期要重于短期;在能力上,思考要重于知识;在价值上,育人要重于育才。"①

曾撰文《学院文化为何如此重要》的中国人民大学外国语学院前院长郭英剑对学院文化也非常重视。譬如,他在 2019 年 6 月该院举办的 2019 届毕业典礼上发表的题为"'国民表率、社会栋梁'如何翻译? 作何解释?"的致辞中讲道:

> "国民表率、社会栋梁"为你们确立了一个极高的人生标准,它看重的是你们的未来,而不是当下。……应该把它写入人生的底色,将它当作你们永恒的信念。……希望你们作为外语人,作为即将在各个层次的舞台上发挥自己才情的人,在一个全球化的社会中,不仅要成为 national models,还要成为 international models。不仅要成为 community pillars,还要成为 international community pillars。也就是不仅要成为"国民表率",还要成为"国际表率",不仅要成为"社会栋梁",还要成为"世界栋梁"。

这番讲话实际上就是作为院长的郭英剑代表学院对"学生如何表现"这一文化要素的恳切表达。

除了开学典礼、毕业典礼这类较少举办的隆重场合之外,学院平常组织的一些活动中也有表达信念、观念、理想、态度的机会,如清华大学经济管理学院的"与院长共品下午茶"活动是学生与院长面对面交流对话的"桥梁"。此活动最早由该学院 2002 级本科生发起,2006 年 9 月钱颖一担任院长后,将参与对象从本科生扩展到博士生、硕士生、MBA(分中文和英文两场)、本科第二学位学生等,平均每年

---

① 钱颖一. 大学的改革:第二卷[M]. 北京:中信出版社,2017:180-181.

举行八场。在该活动中,院长与学生交流的内容非常丰富,"我通过它了解同学们所思所想,在看什么有意思的书,在谈什么关注的话题。在下午茶中,我还与同学们交流我对教育改革的思考。……教育不仅是在课堂上,大学也不仅是在教室中"①。

　　以上还不能构成语音表达的全部内容,譬如院歌就是另外一种表达学院人共同持有的信念、观念、理想、态度的载体。东北师范大学历史文化学院就有一首这样的院歌:《听我和你说》。

风/卷起你的书卷/吹起了千百年
雨/打湿房前花树/撑起油纸伞
我/看着春风化雨/有情景浮现
你/走近我的窗边/听我说从前
听我和你/说一个故事
上下五千年/我们在史海里穿梭
乘风破浪/心无比执着
听我和你说/说一个故事
唐宋元明清/我们在简牍中欢歌
诵经译史/情那样深刻
我们说好了/要让更多人/更多的朋友
将这个故事/继续去传唱/去传说

笑谈中/察今知古/穿行在宇宙间
下笔时/述往思来/挥斥点江山
我/看着冰雪消融/又是春一片
你/靠着我的肩膀/听我说今天
听我和你说/说一个故事
青春的旅程/我们的脚步更蓬勃
相友相助/心不会寂寞
听我和你说/说一个故事
成长的足迹/我们的渴望在诉说

①　钱颖一. 大学的改革:第二卷[M]. 北京:中信出版社,2017:197.

> 勿忘初心/情难以割舍
>
> 我们说好了/要让更多人/更多的朋友
>
> 将这个故事/继续去传唱/去传说①

　　严格地说,东北师范大学历史文化学院的这首《听我和你说》还不是真正意义上的院歌,而郑州大学教育学院所谱写和传唱的《亭育天地心》却是真正意义上的院歌。

> 云如书卷,嵩山之巅。
>
> 莘莘学子,奋勇登攀。
>
> 启智修心,传爱的箴言。
>
> 知行并进,树世人典范。
>
> 听钟声,阅厚山,眉湖论辩。
>
> 郑州大学,教育学院,
>
> 心灵的港湾,
>
> 精神的家园。②

二、文字

　　尽管语音能够较好地传情达意,但往往因其固有的即时性、现场性而受到时间与空间的限制,在这种情况下,文字作为语言的视觉形式所具备的直观性及可传播性等优势就得以显现。而能借用文字最为简洁、明快地表达学院人共同持有的信念、观念、理想、态度的,当属院训(所训)。如今,重视学院文化而确立院训的学院日益增多,兹举数例:

> 北京大学中国教育财政科学研究所所训:怀仁怀朴　唯真唯实
>
> 武汉大学测绘学院院训:敬业乐群　求是创新
>
> 华中科技大学新闻与信息传播学院院训:秉中持正　求新博闻
>
> 中山大学法学院院训:明德笃志　崇法守正
>
> 中国农业大学国际学院院训:正直　仁爱　勤奋　进取

---

① 东北师范大学历史文化学院. 东北师范大学历史文化学院团学组织之歌[EB/OL]. http://sohac.nenu.edu.cn/info/1170/1718.htm.

② 郑州大学教育学院. 院歌《亭育天地心》[EB/OL]. http://www5.zzu.edu.cn/jyx/xygk/xywh.htm.

郑州大学教育学院院训：启智修心　知行并进

哈尔滨工程大学软件学院院训：学至于行　笃行于新

华南农业大学经济管理学院院训：致知明德　经世济国

河南大学哲学与公共管理学院院训：哲而慎独　管则致知

河南大学经济学院院训：崇德尚能　经世济民

浙江师范大学经济与管理学院院训：惟经惟济　尚德尚行

浙江农林大学理学院院训：明理博学　敬业乐群

聊城大学教育科学学院院训：立德垂范　博学善喻

山东财经大学管理科学与工程学院院训：厚德博学　创新自强

常州大学石油工程学院院训：明德　笃行　唯实　创新

福建工程学院法学院院训：博学　崇法　厚德　笃行

　　院训，尽管言简义丰，但对于学院文化的表达仍略显单薄。真正重视并长于学院文化建设的学院可以建构更为"丰满"的学院文化。譬如，清华大学经济管理学院"经过半年多的讨论，2014 年 5 月，确定了学院的核心价值，这是学院作为一个社区的核心价值，它非常简单，但是很务实，它包括三方面：对己、对事、对人，相对应的是正直诚实、敬业尽责、尊重宽容"[1]，同时还确立了"创造知识、培育领袖、贡献中国、影响世界"的使命及"成为世界一流的经济管理学院"的愿望（见附录）。与之相似，中国人民大学商学院也确立了"追求卓越、持续创新"的价值观，"贡献中国管理智慧、培养全球领袖人才"的使命及"成为最懂中国管理的世界一流商学院"的愿景。究其实质，这两所学院所提的"核心价值""价值观"对应的就是本书所论的"态度"，而"使命"对应的就是"观念"（如何成为世界一流学院的看法），"愿望""愿景"则对应"理想""信念"（达到"世界一流"的追求和信心）。因此，不论是清华大学经济管理学院的"核心价值—使命—愿望"，还是中国人民大学商学院的"价值观—使命—愿景"，都构成了完整且系统的学院文化架构，从而鲜明、全面地表达出本院成员共同的信念、观念、理想、态度。

　　除了上述这种系统性的表达之外，学院所持有的信念、观念、理想、态度也散见于其他文本里。譬如，在清华大学新闻与传播学院的网站上，"学院概况"之"办学理念"里写明的"综合性"（依托清华大学独特的多学科综合背景和丰富的人力资源，注重学科、课程、生源和师资的交叉综合）、"研究型"（重视学术的规范性和

---

① 钱颖一. 大学的改革：第二卷［M］. 北京：中信出版社，2017：94.

研究方法的科学性,加强对重大传媒理论和实际问题的研究,注重研究型的教育过程和对学生研究能力的培养)、"开放式"(以开放的胸怀广纳人才,建设一支具有国际视野和跨国界学术交流能力的科研团队和教学队伍,培养通晓外语和国际惯例,具有国际意识和国内外主流媒体实践经验的新闻与传播人才)、"素质为本"(推行以人为本的素质型人才培养策略,坚守严谨为学、诚信为人的学风和务实求真、追求完美的作风)、"实践为用"(努力将业界丰富的实际经验引入教学,有计划地深入基层,进行社会调查,了解国情、社情和民情)①,就基本能反映出该院对学术工作特别是对"如何促进学生发展"所持有的信念、观念、理想、态度。而浙江大学教育学院网站"学院简介"里标明的"在跨越三个世纪的教育实践中,学院始终秉承'求是育英'的理念,坚持以内涵发展、特色发展为核心,以立德树人为根本,以促进学术进步为依托,以服务教育改革发展为导向,树立一流意识、坚持一流目标、落实一流标准,建设综合实力强、特色鲜明、具有国际先进水平的教育学院",也同样如此。

在一些学院网站"学院概况"版块上常有的"院长寄语"或"院长致辞"也会反映出本院的信念、观念、理想、态度。兹举数例如下。

曾任清华大学经济管理学院院长的朱镕基写于 1994 年 2 月 22 日的寄语:"建设有中国特色的社会主义,需要一大批掌握市场经济的一般规律,熟悉其运行规则,而又了解中国企业实情的经济管理人才。清华大学经济管理学院就要敢于借鉴、引进世界上一切优秀的经济管理学院的教学内容、方法和手段,结合中国的国情,办成世界第一流的经管学院。愿与同仁共勉之。"

该院现任院长白重恩写于 2018 年 8 月 23 日的寄语:"清华大学经济管理学院从 1984 年成立至今,在历任院长的领导下,经过全体教职员工和学生的努力以及校友和社会各界的帮助,学院取得了很大成就。改革开放 40 年来,中国经济的发展取得了举世瞩目的成就,但是中国的经济管理学界还需从学术上讲好中国故事,勇于大胆创新,同时坚持学术高标准,从中国经济管理的实践中发展出对经济管理学科有突出影响力的学术成果,并将这些学术成果与人类知识宝库中的其他成果有效结合,培养出更高质量的人才。学院愿与全国同行和社会各界一起推动此事业,为人类知识的发展做贡献,为中国和世界的发展做贡献。"

中国人民大学经济学院党委书记兼院长刘守英的寄语:"经济学院将承前启

---

① 　括号内文字系节选。完整内容可参见:学院概况[EB/OL]. https://www.tsjc.tsinghua.edu.cn/xygk/bxln.htm.

后,继往开来,坚守'立学为民、治学报国'的人大精神,以推动'中国经济研究主流化'为根本宗旨,立足中国真实、创新中国理论、培养中国人才、推动中国发展,在建设'中国特色、世界一流'经济学院的进程中做出新的贡献,创造新的辉煌!"

中山大学管理学院院长王帆的致辞:"植根中国背景,融贯全球视野的管理学院将秉承'融汇中西管理智慧、培养创业创新精神、践行服务社会责任、作育商界管理精英'的使命,以'打造商界黄埔军校'为愿景,以'打造国际化精品商学院'为己任,致力于技术创新与管理变革融合的知识创造,为培养商界具有创造力和社会责任的管理英才的光荣使命而努力奋斗!"

南京大学商学院前院长沈坤荣的致辞:"我们将秉承百年南大'诚朴雄伟,励学敦行'的校训,坚持以'国内领先,国际一流'的商学院为愿景,以'创造商学新知,拓展学生才能,引领社会未来'为使命,牢记使命,精诚团结,为中国经济和社会的发展做出更大的贡献!"

浙江大学公共管理学院前院长郁建兴的致辞:"浙江大学公共管理学院秉持'以天下为己任,以真理为依归'的院训,致力于培养公忠坚毅、能担大任的领导人才,创新能够促进公共事务治理与公共管理学科发展的理论和方法,提升重大公共政策的研究和倡导能力,努力为国家服务,为人类服务。长风破浪会有时,直挂云帆济沧海!站在新的更高的起点上,浙江大学公共管理学院正积极开展二次创业,谋划转型发展,全体师生精诚团结,发奋图强,共同创建国内一流、世界知名的公共管理学院!"

中国人民大学外国语学院前院长郭英剑的致辞:"一所大学,是让学生学着增长智慧、培育信心和成为与众不同之人的地方。大学的本科教育应以人文教育为主,要培养卓越的公民,向社会输送杰出的人才。本科教育是一所大学的底座,就像一座大楼的根基,建成之后,它就是大楼的一层。一所大楼的质量、规格与品质的优劣,看一楼就一目了然。我们的使命是要努力打造中国最好的外语本科教育,在全球化时代致力于培养具有国际视野、家国情怀的国际化外语人才。"

以上包括院训、寄语(致辞)在内的诸文本,还仅是公开化、可"广而告之"的文本,实际上还有若干内部文件,如学院中长期发展规划,年度(学期、季度)工作计划,工作总结,这些都可以表达学院的信念、观念、理想、态度。

综上,以语音与文字为主体的语言,可以较好地表达学院的信念、观念、理想、态度。当然,它并非是完美无缺、无所不能的。跨文化传播(交际)学的奠基人、美国人类学家爱德华·霍尔就此曾谈道:"文化有这样一个悖论:语言最频繁地用来描写文化,可是它难以适应描写文化的艰巨任务,这是由语言的天性决定的。语言的线性特征太强,其综合性不太够,它太受限制,太受拘束,太不自然;语言在很大程度上是它自身演化的产物,它具有太明显的人工斧凿的痕迹。"①此时,文化的表达就需要借助图标、色彩、象征物等其他符号以及人的行为了。② 说到行为③,这里不妨先介绍一个很有意思的说法——语言分脑语和嘴语。脑语就是时时在我们大脑里产生,被称作"思考""思想"或"思维"的东西;而脑语被嘴表达出来就叫"嘴语"。脑语和嘴语并非同物。原因在于:第一,脑语在表达时,即转换成嘴语时,往往会发生程度不一的失真;第二,嘴语并非脑语的唯一表达方式,因为脑语还可以通过肌肉群来表达,即行为表达。何为行为? 行为,实质上就是由一系列动作(包括姿势)构成的行动、作为,不仅包括躯体的移位运动和身体局部的细微动作,还包括日常生活活动。需注意的是,虽然大多数行为包含身体的一部分或全部的运动,但个别动作并不构成完整的行为。显而易见的是,行为乃人的信念、观念、理想、态度的外在表达——正所谓"言为心声,行为心表",与语音、文字以及图标、色彩等相比,其表达更为直接、全面,从而明示性强。

还需补充说明的是,"文化往往是一个组织中最深层次的、无意识的部分,因此它更加不可触摸、更加不被注意到。从这个观点来看,之前大多数用于描述文化的分类可以被认为是文化的表现,而非我们所指文化的'本质'"④。也就是说,语音、文字、图标、色彩以及行为等只是文化的表现而已,并非文化之本体。

① 〔美〕爱德华·霍尔. 超越文化[M]. 何道宽,译. 北京:北京大学出版社,2010:52.
② "象征物"也可以对文化予以表达,譬如郑州大学教育学院的吉祥物:"欣欣"(心理学)、"育儿"(教育学)(详见附录)。
③ 由于人兼具生物属性和社会属性,从发生机理上说,行为可分为本能行为、社会行为。本能行为,是人作为动物、作为自然人生来具有,以先天遗传为主,由生物属性决定的动作、活动;社会行为,则是人作为社会人后天习得并在各种内部刺激影响下发生,由社会属性决定的动作、活动。这里探讨的主要是社会行为。
④ 〔美〕埃德加·沙因. 组织文化与领导力:第 4 版[M]. 章凯,罗文豪,朱超威,等,译. 北京:中国人民大学出版社,2014:15.

第四章

学院文化的性能

"文化是某种特殊的动物,即人,在生存斗争中所使用的一种精致的机制,一种超机体的方法和工具的体制。"①

---

① 〔美〕莱斯利·A. 怀特. 文化科学——人和文明的研究[M]. 曹锦清,等,译. 杭州:浙江人民出版社,1988:348.

所谓性能,就是性质与功能,是指产品在一定条件下达到期望要求、实现预定目的或者规定用途的能力。在组织发展特别是人为地主动推进组织发展的语境中,组织文化是一种实实在在的"塑造之物"、一种具备重要功用的独特的精神产品。

品质与强度是作为组织文化的学院文化的两个重要性能指标,其本身又可细分出几个具体的性能参数。正是这些具体的性能参数联合起来,才综合性地决定了学院文化的性能,犹如一台计算机性能的好坏不是由某项指标来决定的,而是由它的硬件、软件等多方面因素综合决定的一样。

衡量文化性能的具体参数共有六个,分别是符合性、结合性、契合性,一致性、一贯性、一统性。前三个参数是关于文化品质(即文化好不好)的,决定着文化的优劣;后三个则是关于文化强度(即文化强不强)的,决定着文化的强弱。基于此,理想的文化自然是既好又强的。

第一节　品质Ⅰ：符合性

符合性主要是指符合实际、符合规律、符合道德。其中,符合实际是前提。符合实际是指学院文化要素内含的信念、观念、理想、态度等应实事求是,从实际出发,不脱离实际。马克思在《路易·波拿马的雾月十八日》中说:"人们自己创造自己的历史,但是他们并不是随心所欲地创造,并不是在他们自己所选定的条件下创造,而是在直接碰到的、既定的、从过去继承下来的条件下创造。"这句话的意思是,人民创造历史总是要受到社会历史条件的制约。学院文化建设同样如此。具体而言,学院文化建设应做到五个"符合实际":符合当下实际、符合本域①实际、符合本地实际、符合本校实际、符合本院实际。对此,可论述的道理及可证明的实例较多,限于篇幅,不予展开。下面将重点阐明符合规律与符合道德。

一、符合规律

符合规律是指文化要素内含的信念、观念、理想、态度应正确、科学、精准,符

---

① 学院多是围绕某个学科(学科门类或一级学科)或学科群(相关性较大的几个学科)来设置的。此处的"本域"即本领域,指的就是学院设置所围绕的学科(学科群)。

合事物存在及运动的内在规定性。

(一)以基本要素为例

在学院文化基本要素中,总有一些信念、观念、理想、态度是关乎如何成就事情的。人们要成就事情,就必须遵循事情发生及发展的特定规律即内在规定性。那么,有关的信念、观念、理想、态度怎样才算是遵循了规律,从而具备了符合性呢?依照前文的分析框架,这里仍按个体、群体两个层面分说。

就个体层面而言,要想更好、更快(既有效率又有效益)地成就事情,对事应主动、严谨、细致,对物应爱惜、节约、善用,对人(主要从工作的角度)应理解、宽容、合作。

就群体层面来说,学院作为一般性组织,其理想的运行也应讲求"法"——在信念、观念、理想、态度的确立及践行上应认可、崇尚、遵守以下"成事之法":开放、人本、分工、协作、有序、平等、民主、高效,等等。

(二)以特别要素为例

朱熹说,"事必有法,然后可成"。学院作为学术性组织,其信念、观念、理想、态度的确立,除了应遵照一般组织的内在规定性之外,也应遵照因学术而有的内在规定性。下面就第二章第四节所提"特别要素"中有关如何对事、对物、对人分述之。

1. 关于学术的地位

"大学是学术机构,大学的使命是发展学术,而学术是大学的生命。"[1]"学术成就大学的未来。"[2]学院应确立"学术至上"理念,并注重"以学术为基""学术本位""坚持大学的学术本质""以学术为主导"[3]。这是大学之所以为大学、学院之所以为学院的根本保证。"在大学的内在逻辑关系当中,学科是龙头,学术是根本,人才是关键,文化是基础,资源是保障,人才培养是目标。办成高水平大学要努力争取国家和社会等各方面的资源,只有高水平的学术研究才能争取更多的资源。同时,高水平的学术研究必将促进高质量的人才培养,否则教学工作的中心地位就

---

① 张楚廷. 大学的文化自觉初论[J]. 现代大学教育,2010(3):22.

② 林建华. 校长观点:大学的改革与未来[M]. 上海:东方出版中心,2018:24.

③ 何淳宽. 基于学术属性的现代大学组织结构[J]. 清华大学教育研究,2010(2):79.

会被虚化，人才培养和服务地方也难以得到高水平支撑。"①从管理的角度来讲，"任何机构或部门的管理都涉及人、财、物，还有时间。时间被纳入管理者的眼中成为管理对象，对于现代管理，尤其是现代大学管理具有特别重要的意义。大学对于人、财、物、时的管理与其他机构相比有何不一样呢？钱为学所花、物为学所置、时为学所用、人为学者先……大学里的一切人、财、物、时都是通过一个'学'字而产生价值的"②。这个"学"字鲜明地突出了学术在大学发展中的中心、主导地位。

2. 关于学术工作如何开展

在学院中，学术地位的确立是前提，而学术工作的开展则是关键。在学院文化中，关于学术工作如何开展的信念、观念、理想、态度应依据、切合大学知识工作者的特点。

大学知识工作者有何特点？第一，其工作具有自主性。他们除了传授知识及参加必要的社会服务活动外，其他工作时间基本上能自主安排，从而具有较强的自主意识。他们希望拥有自主宽松的工作环境、弹性的工作时间，不愿意受制于物，甚至也不愿意受制于人，更倾向于自我反思、自我督导。第二，其劳动具有创造性。他们从事的教学、研究、服务活动都不是简单的劳动，而要面对学习化社会的知识性、复杂性、变化性进行创造性的开发。第三，有较强的成就动机。按照马斯洛的需要层次理论，他们往往具有较高的需要层次，更希望得到同行的尊重、领导的认可、社会的接受，最终达致自我实现的境界。第四，敢于挑战权威。他们一般具有某一学科或专业的特长，能在教学、科研中发挥主导作用，对由行政职位而带来的权力特别是"长官意志"并不屈从。第五，其劳动过程难以监控。他们的劳动主要依靠思维活动，其过程往往是无形的，大量的劳动并没有确定的步骤和固定的程序。第六，其劳动成果难以衡量。他们的劳动成果往往体现在培养学生的质量上或科研成果中，而学生的质量、科研成果的质量都是无法用数字完全表征的，更是无法在短期内能全部证明的。③

"无论是一所大学还是一个学院，如果缺乏沉潜的静气、坚守的勇气、包容的

---

① 青岛大学. 我校召开国家自然科学基金工作会议 范跃进出席会议并讲话[EB/OL]. http://qdunews.cuepa.cn/show_more.php? doc_id=1316400.

② 张楚廷. 大学的文化自觉初论[J]. 现代大学教育，2010(3):22-23.

③ 杨如安. 知识管理视角下的大学学院制改革研究[D]. 重庆：西南大学，2007:121-122.

底气和创新的锐气，就永远无法做出世界顶尖的学问，不会成为世界一流的大学和学院。"①在学院文化中，关于学术工作如何开展的信念、观念、理想、态度，在依据、切合大学知识工作者上述特点的基础上，也应符合学术工作的内在规定性。只有这样，才能保证、促进学术生产力的解放及勃发。

那么，学术工作的内在规定性有哪些呢？责任、开放、科学、严谨、创新、卓越、自由、寂寞、赋权、合作、协同、分享、包容等都是学术工作的内在规定性。这里特别强调其中三点。

第一，自由。这里所提的"自由"，并非一般意义上的"自由"。按张楚廷的观点，"我们可以把大学里的自由的特殊点归纳为：一是它区别于其他领域，它主要表现为学术自由或思想自由；二是思想自由具有绝对的性质；三是思想自由不只是一种享有，不只是一种权利，而且，它是大学力量的基本源泉"②。

"自由与求知是大学力量的生长之源。"③"大学是以学术自由为自己的生命而高度敏感的机构。"④"学术自由是大学的基本生存条件，爱护学术自由就是爱护大学的生存和发展。"⑤"自由是大学生长的最肥沃土壤，自由是生命旺盛的阳光，大学是以发展学术为己任的，因而，学术自由的真实而全面的保障，也就是大学发展和繁荣的最重要保证。"⑥

为何要把自由抬到如此高的地位？恩格斯说："人对一定问题的判断越是自由，这个判断的内容所具有的必然性就越大。"⑦纽曼说："真理是很多头脑在一起自由运作的结果。"⑧我们可以把自由喻为学术繁荣的土壤、空气、水，"除了学术民主、学术自由的充分保证外，没有别的东西可以让大学真正繁荣起来"⑨。"最高水平的大学是最自由的大学，最自由的大学也很可能是最高水平的大学。"⑩正是在

① 董志勇. 寄语[EB/OL]. https://econ.pku.edu.cn/xygk/yzjy/index.htm.
② 张楚廷. 高等教育哲学通论[M]. 北京：高等教育出版社，2010：367.
③ 张楚廷. 高等教育哲学通论[M]. 北京：高等教育出版社，2010：369.
④ 张楚廷. 高等教育哲学通论[M]. 北京：高等教育出版社，2010：361.
⑤ 张楚廷. 高等教育哲学[M]. 长沙：湖南教育出版社，2004：356.
⑥ 张楚廷. 高等教育哲学[M]. 长沙：湖南教育出版社，2004：356.
⑦ 转引自：张楚廷. 高等教育哲学通论[M]. 北京：高等教育出版社，2010：368.
⑧ 〔英〕纽曼. 大学的理想[M]. 徐辉，顾建新，何曙荣，译. 杭州：浙江教育出版社，2001：12.
⑨ 张楚廷. 大学的文化自觉初论[J]. 现代大学教育，2010(3)：22.
⑩ 张楚廷. 院校论[M]. 重庆：西南师范大学出版社，2015：5.

此意义上可以说,"丢失了自由的大学,亦必是丢失思想的大学"①。"大学的优越就在于这里高高飘扬着独立、自由的旗帜,以独立的精神进行自由的思考,这就是它的根本特征。"②"大学本应当如此,它越是特立独行,对社会发展越有利。"③这些是针对大学层面而言的,对于学院同样如此。

鉴于自由之于学术工作的重要价值,有关部门及人员应尽可能减少对大学知识工作者的干预,为其创设更多的自由空间,使学术研究回到本真状态——"学术研究的状态,应当像池塘中悠闲的鱼,随心所欲地游来游去,至于说为什么如此悠闲地游荡,则找不出理由,那些鱼只是没有目的地游着而已,它们不必急于寻找食物,也没有什么要达到的目的。学者只有在这种非功利的状态中才有可能产生出伟大的思想,写出伟大的作品。反之,我们现在的管理体制,则如同在这悠闲的鱼群中撒下了一把诱人的食物,那群鱼便一下子失去了宁静,纷纷去争夺主人扔下来的美味,于是乎,池塘里的水便再也不平静了"④。的确,科学研究需要较高程度的自由,这主要缘于"科学研究是一种创造性的脑力劳动,这个性质要求它的研究者需要独立思考和自由治学"⑤。"为了发挥科学家和科研团队的创造性,给予研究相对的独立性和自由,已经成为近代和现代科学发展的普世经验。"⑥

第二,赋权。这里要谈的"权",有两种含义——既指权利(right),又指权力(power)。赋权,就是要赋予大学知识工作者以充分的学术权利(如学术自由);同时为保障权利的实现,还必须赋予其相应的学术权力。

权利一般指做某种事情的资格或正当性。权力一般指影响或控制(支配)他人行为的力量,如果一个人能够让别人完成某件事,那他就拥有了某种权力。⑦ 权利与权力的主要区别在于:权利是内在拥有、自身享用的,并不施于人;权力则是

---

① 张楚廷. 高等教育哲学[M]. 长沙:湖南教育出版社,2004:273.
② 张楚廷. 院校论[M]. 重庆:西南师范大学出版社,2015:109.
③ 张楚廷. 院校论[M]. 重庆:西南师范大学出版社,2015:109.
④ 严春友. 悠闲的鱼——20 世纪 80 年代的学术风气[G]//北京师范大学哲学与社会学学院. 我的北师大情怀:献给建校 110 周年. 北京:同心出版社,2012:120.
⑤ 阎康年,姚立澄. 国外著名科研院所的历史经验和借鉴研究[M]. 北京:科学出版社,2012:218.
⑥ 阎康年,姚立澄. 国外著名科研院所的历史经验和借鉴研究[M]. 北京:科学出版社,2012:219.
⑦ 王连森. 大学发展的经济分析:以资源和产权为中心[M]. 北京:高等教育出版社,2013:99-100.

外在赋予、施之于外(外施于人)的。① 两者又有密切联系:权利是基础,权力是保障,权力为权利服务。在本书语境中,学术权利(如学术自由是大学教师最基本的学术权利)是基础,学术权力是保障,学术权力为学术权利服务。正是在此意义上,学术权力是因学术权利而生的——"直接为保障和协调学术权利而在大学里产生了一种特殊的权力——学术权力(虽然在大学之外也不是完全看不到的)"②。

那么,学术权力是何种权力? 其边界在哪里? ——"学术的实行、学术真伪的判断以及真理的价值判断,都属于学术权力的范围"③。

学术权力不同于行政权力。譬如,在做出判断的标准上,前者应当只进行事实判断、(科学)真理判断、(科学)水平判断,也就是说唯一的准则是学术判断(如果有价值判断的话,那也是指学术价值,而非其他);后者可以有学术判断,但也可以有非学术性的价值判断,比如,有时要兼顾不同方面的利益,要关注长远与近期利益的冲突,要协调内外部关系。举例来说,在同等学术水平下,决定把奖励颁给身有残疾者;在同等甚至不等的学业成绩下,把奖励优先给了少数民族学生。

那学术权力与行政权力应如何行使? 回答这一问题,首先要回到大学的根本性质上来——"学校的性质在关键的一个'学'字上,'校'字因一个'学'字才生效。大学的根本更在一个'学'字上,而且是做大学问的地方"④。无论是学术权力,还是行政权力,都应各司其职,共同维护、保证大学的这一根本性质,充分尊重"学"、解放"学"、张扬"学",最终促进学术繁荣。

这里要特别申明的是,行政权力应守好边界,不能越位去干预、干扰学术权力。也就是说,行政权力的掌握者、发起者不能忽视科学研究的不可指导性,应充分尊重学术工作的内在规定性,担负起应尽的职责。譬如在科研管理方面,行政领导及管理人员的职责主要有:发现有创造性的人才,支持其新想法,为其成长创造有利的环境和条件;要负责科研院所的发展规划的制定、科研环境与条件的创设以及提供、寻找必要的科研经费等。对于具体的科研事务,应充分尊重学术人员的意见,让他们进行学术上的独立思考、交流和创造。⑤ 作为学术自由的前提,

① 张楚廷. 高等教育哲学[M]. 长沙:湖南教育出版社,2004:246.

② 张楚廷. 高等教育哲学[M]. 长沙:湖南教育出版社,2004:259.

③ 张楚廷. 院校论[M]. 重庆:西南师范大学出版社,2015:13.

④ 张楚廷. 高等教育哲学[M]. 长沙:湖南教育出版社,2004:285.

⑤ 阎康年,姚立澄. 国外著名科研院所的历史经验和借鉴研究[M]. 北京:科学出版社,2012: 220.

学术独立是"学者职业的内在要求,对于一个优秀的学者而言,他们在自己的研究领域是最好的、最有权威的,他们总是希望按自己的方式进行学术研究,不希望别人在背后指手画脚,这是学术研究的本质属性决定的"①。"学术研究是高度依赖个人创造性的事业,它需要独立的和宽松的学术氛围,使人们在没有思想束缚的环境中,充分展示他们的创造性。"②

在大学及学院的运行中,行政领导及管理人员(干部)切忌"长官意志"。张楚廷说:"大学应是最没有'官'气、没有'官'味的地方。"③行政领导及管理人员应本着服务的态度,为学术工作的开展提供各方面的支持。这才是真正的尽职尽责——"大学行政权力越是有效地保障了学术权力的正常发挥,就是越有效地保证了自身功能的充分发挥。对学术的尊重、维护、保障,是行政权力应有的理念、义务和责任,这种义务和责任是大学里的行政区别于其他机构行政权力的基本标志"④。

第三,开放。在英文里,大学为 university,而 university 与 universe(宇宙、天地、万物)相连通。也就是说,大学本有普遍性、普适性、世界性、宇宙性的意蕴。这种意蕴,既寄托了一种包容精神——"以自己深邃的目光注视着天地万物"⑤,也有一种开放胸襟——"要实现大学所自觉肩负的使命,要对古往今来做全方位的考察和研究,要完成如此复杂而艰难的学术探求,它高度的开放性也是必然的。这是无须外界提醒的,只要它想窥视宇宙的一切、人类的一切,它就不可能不让自己有很强的吸收力,让一切都可能进入它的视野。由此,广泛的交流与合作也是自然而然要展开的。大学与大学、大学与其他社会领域的合作,在各国、各民族之间的交往中,必然占有重要的地位"⑥。

开放,既意味着大学面向社会开放,也意味着大学与大学之间的相互开放及学科专业与学科专业之间在校内、校与校之间的相互开放,更意味着学者在校内、校与校之间的相互开放——"大学是众多智慧的头脑相互碰撞的地方。……越碰

---

① 林建华. 校长观点:大学的改革与未来[M]. 上海:东方出版中心,2018:87.

② 林建华. 校长观点:大学的改革与未来[M]. 上海:东方出版中心,2018:88.

③ 张楚廷. 高等教育哲学[M]. 长沙:湖南教育出版社,2004:281.

④ 张楚廷. 高等教育哲学[M]. 长沙:湖南教育出版社,2004:280.

⑤ 张楚廷. 院校论[M]. 重庆:西南师范大学出版社,2015:116.

⑥ 张楚廷. 院校论[M]. 重庆:西南师范大学出版社,2015:116.

撞,越智慧"①。进一步说,开放还仅是开端,后续的交流及更为深入、更为密切的协同对大学、学院的发展更为重要。正如北京大学前校长林建华所言,"如果把平庸大学比作一片茫茫的草原,其中的杰出学者就像是草原上的孤树,或者像是鹤立鸡群,缺乏思想的交流和碰撞,无论浇灌多少营养和水分,都很难长成参天大树。而卓越大学则更像是一个繁花似锦的百花园,学者之间交流协同,即使随手插一根柳枝,它也会从肥沃的土壤中汲取营养,生根发芽并茁壮成长"②。

3. 关于学者的地位

学院作为学术组织,承担着学术使命,要完成这一使命,主要依靠学者(教师),即我们常说的"办学以教师为本"。诚如北京大学前校长林建华所言,"办大学要靠学者。学者的水准就是大学的水准,学者的精神就是大学的精神,学者的人格会直接影响学生的品行素养"③。教师在很大程度上决定着大学及学院的学术水平、学术声望,是大学及学院发展所必须依靠的主体力量。正是在此种意义上,完全可以说,"学者就是大学"④。因此,学院文化中,应确立学者的地位,彰显"学者首位"。张楚廷曾诙谐地说:"看看这所大学里,哪一类人更神气。说得雅一点,就是看哪一类人更受尊敬,谁更受学生所敬仰或向往。如果是那些戴着高度近视眼镜、头发花白的老教授们在学生中更有地位,这所大学就大有希望;如果在学生中更看重的是那些握有权力的干部们,而这些干部足够的神气、被欣赏,这样的学校很可能会误人子弟。"⑤

谈"首位"也就意味着还有"次位",这就说到了"干部与教师的关系"问题。"毫无疑问,要办好一所学校,干部和教师都是必要的和重要的。但是,两相比较,应当把教师摆在前面,尤其是从干部方面来说,应当把教师看得更重要,这样,干

① 张楚廷. 院校论[M]. 重庆:西南师范大学出版社,2015:3.
② 林建华. 校长观点:大学的改革与未来[M]. 上海:东方出版中心,2018:110.
③ 林建华. 校长观点:大学的改革与未来[M]. 上海:东方出版中心,2018:26.
④ 林建华. 校长观点:大学的改革与未来[M]. 上海:东方出版中心,2018:24. 在此介绍一个广为传颂的典故:1952年,时任哥伦比亚大学校长的艾森豪威尔,邀请该校获得诺贝尔奖的物理学教授拉比演讲,他客气地对教授说:"在众多雇员里,您能够获得那么重要的奖项,学校以此为荣。"拉比教授听了有些不高兴,回敬道:"尊敬的校长,我是这个学校的教授,您才是学校的雇员。我们就是哥伦比亚大学。"
⑤ 张楚廷. 改革路上:张楚廷口述史[M]. 武汉:华中科技大学出版社,2019:163.

部的作用和意义也就得到了更好的体现,干部要主动地为教师服务。"①

4. 关于学生的地位

"学校就其直接的目的而言是为着学生的,学校是为学生而存在的。"②因此,大学及学院是为学生而建的,办学的目的就是为了培养学生。就此意义而言,学生应是大学及学院中心的中心(第一个"中心"指的是"以教学为中心"或"以人才培养为中心")——这是由办学目的及教育目的所决定的。

真正的一流大学都是非常重视学生地位的。建于 1088 年,作为西方最古老的大学(也是全世界第一所大学)、欧洲四大文化中心之首,被誉为欧洲"大学之母"的意大利博洛尼亚大学(University of Bologna),本身就是学生办起来的,由学生进行管理;而始创于 1701 年的耶鲁大学,300 多年来信奉着一个信条——"你们就是大学",这里的"你们"就是指学生。③

学院文化中,应确立并保障学生的地位,彰显以生为本。以生为本即以人为本。"以人为本是大学的一种境界,也是大学永恒的追求。纵观世界知名大学的校训,都体现了大学对于人才培养的至善的追求,而其中的'根本'就是关爱学生,学校任何教育制度都必须植根于这一基础,唯其如此,大学才有可能鼓励学生主动冒险、探索,给学生更多的宽容与自由,为满足学生的好奇心和求知欲望,甚至允许学生到处乱撞,允许学生犯错。"④

以生为本,首先体现在将人才培养作为大学及学院的第一要务。"一所好大学,一定是以培养人为第一位的大学。有了学生,才有了大学,这是大学最基本的命题,也是办大学的基本常识,无论大学在社会需求的'压力'下,产生了多少新的功能,人才培养永远是本质功能,任何新功能都是基于人才培养的衍生。"⑤

5. 关于如何促进学生发展

大学以育人为本,培养学生成人成才是第一要务。"如何促进学生的发展"这一话题包含的内容实在太多,这里只就"发展什么"及"如何发展"择要点引例式论说一下。

---

① 张楚廷. 张楚廷教育文集:第 5 卷[M]. 长沙:湖南教育出版社,2007:49.
② 张楚廷. 张楚廷教育文集:第 5 卷[M]. 长沙:湖南教育出版社,2007:68.
③ 张楚廷. 高等教育哲学[M]. 长沙:湖南教育出版社,2004:299.
④ 邬大光. 教学文化:大学教师发展的根基[J]. 中国高等教育,2013(8):35.
⑤ 邬大光. 什么是"好"大学[J]. 北京大学教育评论,2018,16(4):179.

对于"发展什么",1936 年,爱因斯坦在庆祝美国高等教育(实际是哈佛大学建校)300 周年纪念会上的讲话给出了很好的说明。他说:

> 有时人们把学校简单地看作一种工具,靠它来把大量的知识传授给成长中的一代,这种看法是不正确的,知识是死的,而学校却要为活人服务。……学校的目标应当是培养有独立行动和独立思考的个人……学校的目标,始终应当是青年人在离开学校时是作为一个和谐的人,而不是作为一个专家……培养独立思考和判断的一般能力,应当始终被放在最重要的位置,而不是专门知识的获取。如果一个人掌握了学科的基础理论,并且学会了独立思考和工作,他必定会找到自己的道路,而且比起那种主要以获得细节知识为其培训内容的人来,他一定会更好地适应进步和变化。①

人区别于其他动物的根本之所在,是人可以在自己的生命活动中获得新的生命。大学教育应帮助、支持、促进学生"可以在自己的生命活动中获得新的生命",从而获得"更深层的发展"——"他们对自己生命活动把握的状况,让他们把握得更好,让他们向更高境界的我我关系走去。……只有当学生在知识的习得过程中,还能更充分地意识到自己,知识与自己有了更高的融合度,乃至从中可以看到自己时,他就不仅能更好地习得知识,同时也会更好地发展了自身(或自我),向更高境界的我我关系发展"②。

而对于"如何发展",张楚廷给出了绝佳的回答——"教育是促进,不是安排;教育是辅助,不是取代;教育是建议,不是命令;教育是交谈,不是唠叨;教育是亲近,不是摆布;教育是权利,不是恩赐;教育是期待,不是时下;教育是向往,不是功利;教育是对话,不是左右;教育是介入,不是干预;教育是启迪,不是外加;教育是欣赏,不是耳提面命;教育是神往,不是单口相声;教育是播种,发芽在明天;教育是耕耘,收获在未来"③。

二、符合道德

"大学既是学术的殿堂,又是道德的堡垒。"④学院文化要素内含的信念、观念、

① 转引自:钱颖一. 大学的改革:第一卷[M]. 北京:中信出版社,2017:89.
② 张楚廷. 高等教育哲学[M]. 长沙:湖南教育出版社,2004:31.
③ 张楚廷. 学校管理的特殊性[J]. 大学教育科学,2014(4):126.
④ 张楚廷. 高等教育哲学通论[M]. 北京:高等教育出版社,2010:356.

理想、态度应正当、合情、合理,符合期望及规范。

(一)以基本要素为例

"生活方式、事业追求可以千姿百态,然而,做人需要一个共同的尺度。"①这里仍遵循前文的分析框架,按个体、群体两个层面分说。

就个体层面而言,最基本的道德应是爱国、敬业、诚信、友善,还有对己的克己、自律、自立、自强等以及对人的尊重、礼貌、真诚、仁爱等。

就群体层面来说,内部应团结、互助、公平、公正等,外部应遵纪、守法、担当、尽责等。

(二)以特别要素为例

"无规矩不成方圆。"学院作为学术性组织,其信念、观念、理想、态度的确立,除了应遵照上述一般组织的基本道德规范之外,还应遵照因学术而有的道德规范。下面就第二章第四节所提"特别要素"中有关如何对己分述之。

1. 关于学者如何作为

克拉克·克尔曾将学院和大学看作"世界上最纯粹的合乎道德的机构"②,认为大学教师应具有良好的公民道德:"①遵守学术道德准则;②愿意有效地参与共同治理;③承诺保护学术机构不受政治破坏和暴力冲击;④注意不为经济上的利益利用学校或者学校设备的名誉。"③他还特别强调大学教师应遵守的"知识的道德规范"(见附录),认为它"是在知识的创造和传播中所固有的。这些道德原则(ethical principles)是在智识领域(intellectual sphere)指导行为判断的规则,它们在法律所要求的范围之外设定行动的道德界限(moral limits)"④。

基于此,学院应就"学者如何作为"提出要求,而这些要求应符合教师的职业行为准则(道德规范)。教师应遵守怎样的职业行为准则? 教育部于2018年11月

---

① 张楚廷. 院校论[M]. 重庆:西南师范大学出版社,2015:5.

② KERR C. Higher Education Cannot Escape History:Issues for the Twenty-first Century[M]. Albany:State University of New York Press,1994:155.

③ KERR C. Higher Education Cannot Escape History:Issues for the Twenty-first Century[M]. Albany:State University of New York Press,1994:149.

④ KERR C. Higher Education Cannot Escape History:Issues for the Twenty-first Century[M]. Albany:State University of New York Press,1994:139.

8日印发并实施的《新时代高校教师职业行为十项准则》给出了具体的指示。

一、坚定政治方向。坚持以习近平新时代中国特色社会主义思想为指导,拥护中国共产党的领导,贯彻党的教育方针;不得在教育教学活动中及其他场合有损害党中央权威、违背党的路线方针政策的言行。

二、自觉爱国守法。忠于祖国,忠于人民,恪守宪法原则,遵守法律法规,依法履行教师职责;不得损害国家利益、社会公共利益,或违背社会公序良俗。

三、传播优秀文化。带头践行社会主义核心价值观,弘扬真善美,传递正能量;不得通过课堂、论坛、讲座、信息网络及其他渠道发表、转发错误观点,或编造散布虚假信息、不良信息。

四、潜心教书育人。落实立德树人根本任务,遵循教育规律和学生成长规律,因材施教,教学相长;不得违反教学纪律,敷衍教学,或擅自从事影响教育教学本职工作的兼职兼薪行为。

五、关心爱护学生。严慈相济,诲人不倦,真心关爱学生,严格要求学生,做学生良师益友;不得要求学生从事与教学、科研、社会服务无关的事宜。

六、坚持言行雅正。为人师表,以身作则,举止文明,作风正派,自重自爱;不得与学生发生任何不正当关系,严禁任何形式的猥亵、性骚扰行为。

七、遵守学术规范。严谨治学,力戒浮躁,潜心问道,勇于探索,坚守学术良知,反对学术不端;不得抄袭剽窃、篡改侵吞他人学术成果,或滥用学术资源和学术影响。

八、秉持公平诚信。坚持原则,处事公道,光明磊落,为人正直;不得在招生、考试、推优、保研、就业及绩效考核、岗位聘用、职称评聘、评优评奖等工作中徇私舞弊、弄虚作假。

九、坚守廉洁自律。严于律己,清廉从教;不得索要、收受学生及家长财物,不得参加由学生及家长付费的宴请、旅游、娱乐休闲等活动,或利用家长资源谋取私利。

十、积极奉献社会。履行社会责任,贡献聪明才智,树立正确义利观;不得假公济私,擅自利用学校名义或校名、校徽、专利、场所等资源谋取个人利益。

如果学院有关"学者如何作为"的要求，不符合上面所列职业行为准则的话，那它就是不正当、不可取的。北京大学城市与环境学院韩茂莉教授曾说过她觉得"可能要得罪一大片人"的一段话：

> 现在中国的学者有百分之八九十做的都是代理人学术。为什么？比如理科院系的这些老师们，弄了国家的很多科研经费，但是具体的研究都由学生去做，然后在学生的成果上署自己的名字。作为教授来讲，独立写文章、独立做研究的能力很多人都不存在了，这就是代理人学术。这个代理人学术会出现什么问题？因为研究生是学着做研究的，每一个学生的研究都是从零做起，都是刚开始学，所以他们必须跟踪模仿。而作为一个教授，他已经有一定的研究基础了，该创新了的时候他反而不做了，把他的这些活都交给学生了，自己当老板，该过日子过日子，该玩玩。这样的话，我们的研究岂不是每一步都从零做起，跟踪模仿？如果现在不停止这种做法，我们的学术就永远没有希望，国家的科技发展就成问题。①

这段话里所说的"代理人学术"，就是不合乎学者职业道德规范的不正当、不可取的行为。优良的学院文化应隔离、抛弃类似的不良元素，让其无藏身之地。

2. 关于学生如何表现

立德树人是高校人才培养的根本任务和基本要求，因此在学生成人、成才的总体方面以及对己、对人、对事、对物的具体方面都应有相应的道德规范。而教育部于 2005 年 3 月 25 日颁布的《高等学校学生行为准则》对此进行了详细的规定。

> 一、志存高远，坚定信念。努力学习马克思列宁主义、毛泽东思想、邓小平理论和"三个代表"重要思想，面向世界，了解国情，确立在中国共产党领导下走社会主义道路、实现中华民族伟大复兴的共同理想和坚定信念，努力成为有理想、有道德、有文化、有纪律的社会主义新人。

> 二、热爱祖国，服务人民。弘扬民族精神，维护国家利益和民族团结。不参与违反四项基本原则、影响国家统一和社会稳定的活动。培养同人民群众的深厚感情，正确处理国家、集体和个人三者利益关系，增强

---

① 韩茂莉. 赤子的骄傲[G]//知识实验室. 我在北大当教授:20 位北大学者访谈故事集. 上海:东方出版中心,2018:121-122.

社会责任感,甘愿为祖国为人民奉献。

三、勤奋学习,自强不息。追求真理,崇尚科学;刻苦钻研,严谨求实;积极实践,勇于创新;珍惜时间,学业有成。

四、遵纪守法,弘扬正气。遵守宪法、法律法规,遵守校纪校规;正确行使权利,依法履行义务;敬廉崇洁,公道正派;敢于并善于同各种违法违纪行为作斗争。

五、诚实守信,严于律己。履约践诺,知行统一;遵从学术规范,恪守学术道德,不作弊,不剽窃;自尊自爱,自省自律;文明使用互联网;自觉抵制黄、赌、毒等不良诱惑。

六、明礼修身,团结友爱。弘扬传统美德,遵守社会公德,男女交往文明;关心集体,爱护公物,热心公益;尊敬师长,友爱同学,团结合作;仪表整洁,待人礼貌;豁达宽容,积极向上。

七、勤俭节约,艰苦奋斗。热爱劳动,珍惜他人和社会劳动成果;生活俭朴,杜绝浪费;不追求超越自身和家庭实际的物质享受。

八、强健体魄,热爱生活。积极参加文体活动,提高身体素质,保持心理健康;磨砺意志,不怕挫折,提高适应能力;增强安全意识,防止意外事故;关爱自然,爱护环境,珍惜资源。

第二节 品质Ⅱ:结合性

前面讲的符合性是就单个的信念、观念、理想、态度而言的,即学院文化中,不论是信念、观念,还是理想、态度,都要符合实际、符合规律、符合道德。然而,文化乃是一个有机的整体,文化各部分是系统性地相互联系着的。莱斯利·A.怀特曾指出,"各文化要素总是组织成系统。每种文化都有一定程度的整合与统一;它建立在一定的基础之上,并按一定的途径或原则组织起来"[①]。基于此,本节及下

---

① 〔美〕莱斯利·A.怀特.文化科学——人和文明的研究[M].曹锦清,等,译.杭州:浙江人民出版社,1988:202-203.

节内容将把四者联系①起来加以论说。

一、一般分析

前文已论及理性与感性的关系，两者犹如有与无、难与易、长与短、高与下等既对立，又统一，相反相成，而非相互否定，正如"有无相生，难易相成，长短相形，高下相倾，音声相和，前后相随"②一样。

美国人类学家弗朗兹·博厄斯认为，"文化是由特殊历史过程造就的统一体"③。其统一性主要表现在相容同存与互动共生上。相容同存、互动共生意味着理性与感性能够相互结合、融为一体，最终达到相互促进进而彼此成就、共同生长的状态。

理性与感性，不仅能够结合，为了能够成就事情，还必须结合！因为本书第二章第一节已指明，理性是人在待人、处事、接物中表现出的遵守规范、遵照规律的有关"逻辑"之"真"的人性特质，偏重"认知""理智""规矩""道理"，与做成事情所需的"智""才""能力""判断力"息息相关；而感性是人在待人、处事、接物中表现出的成就心愿、追求意义的有关"伦理"之"善"的人性特质，偏重"情感""感情""性情""德行"，与做成事情所需的"仁""德""动力""事业心"息息相关。理性和感性是成就事情不可或缺的两个方面，必须相互结合起来！譬如，人的行为总是源于某种动机，并靠着足够的动力、毅力得以延续，而行为的正确、准确却需要合宜的方向、方略、方法进行指引——动机、动力、毅力属于感性范畴，方向、方略、方法属于理性范畴，这两个范畴都是行为发生及持续所必需的！④ 最理想的境界应是：精

---

① 联系，或"左右"联系，或"上下"联系。本节乃"左右"联系，即信念、观念分别与理想、态度相联系；下节乃"上下"联系，即信念、理想分别与观念、态度相联系。需要说明的是，"上下"联系也可以作"内外"联系。因为在第二章第二节、第三节中已指出，在文化结构中，信念、理想居于内核，而观念、态度处于外围。

② 出自《道德经》。其意是，"有"与"无"相对比而依存；"难"与"易"相对比而形成；"长"与"短"相对比而显现；"高"与"下"相对比而依靠；"音"与"声"相对比而和谐；"前"与"后"相对比而追随。

③ 〔美〕杰里·D. 穆尔. 人类学家的文化见解［M］. 欧阳敏，邹乔，王晶晶，译. 北京：商务印书馆，2009：50.

④ 此处分享一个很有道理的说法：实践或活动起源于感性，而非理性。理性只能分辨对错，并不引起任何活动；感性正好相反，它能够引起活动，却不能分辨对错。感性能够服从理性，也能够反对理性。一般来讲，服从理性的感性导致良好的选择，反对理性的感性导致较差的选择。

准的理性与完满的感性的合二为一、浑然一体！"我们有知识的时候,应该有理解,我们有智慧的时候,更应该有慈悲,我们有勇气的时候,还应该有热情。"①

古人说:"万物得其本者生,百事得其道者成。"为成就事情,"道"是必须时刻予以遵守和依照的。《中庸》首章即云:"道也者,不可须臾离也,可离非道也。"而"国无德不兴,人无德不立","德"也是成就事情必须时刻遵守和依照的。在本书语境中,"道"即理性,"德"即感性,两者都是成就事情所必需的,缺一不可②,恰如鸟之双翼。甚而可以说,在很大程度上,理性与感性能构成一种优势互补关系,有些时候两者是相辅相成、相得益彰的。

一般来说,理性与感性是各有优势的。③ 人之理性,重认知、理智、规矩、道理,从而崇尚并追求逻辑上的"真",这也就引导着人去遵守规范、遵照规律,从而表现出如深思熟虑、沉着稳重、严谨细致的状态;而人之感性,重情感、感情、性情、德行,从而崇尚并追求伦理上的"善",这也就引导着人去成就心愿、追求意义,从而表现出如热情积极、侠骨柔肠、激情澎湃、斗志昂扬的状态。两者各自的优势相结合,就构成了互补关系。

互补也就意味着不能失去对方,如果失去就难以成全。如果单单目光敏锐、思路清晰、看准方向、明了道路,却精神涣散、意志消沉(即"感性不足、理性有余");或单单热血沸腾、激情澎湃、斗志昂扬、干劲冲天,却懵懵懂懂、稀里糊涂(即"理性不足、感性有余"),都是不能成事的!

在这里,笔者要重点强调一下感性的不可或缺性。之所以对其加以强调,是因为在常见的文化分析里,往往偏重理性成分,而忽视甚至忽略了感性成分。

---

① 陈春花. 实践的信仰,理论的自信[G]//知识实验室. 我在北大当教授:20 位北大学者访谈故事集. 上海:东方出版中心,2018:10.

② 有人形容道,纯理性的人"冷冰冰",纯感性的人"疯颠颠";还有比喻说,没有理性的人是"白痴",没有感性的人是"木头"——"话糙理不糙",细细琢磨,这些说法是有一定道理的。由此看来,理性与感性应是同存、共生的,譬如在处理人之常事——爱恋关系时就应如此。简·奥斯汀在其名作《理性与感性》(也译为《理智与情感》)中说:"人不能没有感情,但感情应受理性的制约。"(即"发乎情而止乎礼")"没有理智的感情,就如同清晨海上的一抹泡沫,即使美得目眩,也会转瞬而逝。"(即"情感如洪水,理智如堤坝")

③ 当然,两者亦各有劣势。譬如,过于理性,则容易执拗、刻板、冷酷;过于感性,则容易冲动、急躁、盲从。

首先以心力特别是意志力为例。古训道："欲事立，须是心立。"①俗语也讲，"心想事成"②。心即感性之进取心、事业心，即心力——心愿及心劲（志向、干劲）。至于心力之功用，毛泽东曾在《心之力》中盛赞道："宇宙即我心，我心即宇宙。细微至发梢，宏大至天地。世界、宇宙乃至万物皆为思维心力所驱使。博古观今，尤知人类之所以为世间万物之灵长，实为天地间心力最致力于进化者也。"心力在很大程度上就是意志（意志力）③。毛泽东重视意志的作用并身体力行，"红军不怕远征难，万水千山只等闲""为有牺牲多壮志，敢教日月换新天""独有英雄驱虎豹，更无豪杰怕熊罴""今日长缨在手，何时缚住苍龙""六月天兵征腐恶，万丈长缨要把鲲鹏缚"等名句，无不反映出他钢铁般的意志、大无畏的气概。毛泽东的老师杨昌济曾说："人有强固之意志，始能实现高尚之理想，养成善良之习惯，造就纯正之品性。意志之强者，对于己身，则能抑制情欲之横恣；对于社会，则能抵抗权势之压迫。"④发明家托马斯·阿尔瓦·爱迪生曾说："伟大人物的最明显的标志，就是他坚强的意志。不管环境变换到何种地步，他的初衷与希望仍不会有丝毫的改变，而终于克服障碍，以达到期望的目的。"⑤英国陆军元帅、第二次世界大战名将伯纳德·劳·蒙哥马利也曾强调过意志的重要价值："领导艺术的第一步应当是才智。才智的正确定义则是团结人们朝着一个共同目标努力的能力和意志，以及鼓舞人们的信心品格……如果没有意志，即使有能力也无济于事。"⑥《墨子·修身》里也讲道："志不强者智不达"，如果没有坚强不屈的意志和坚忍不拔的毅力，即使有超人的智慧，也难以有所作为。

除了意志外，干劲、胆量也是成就事情所必需的，特别是在艰难困苦时尤其如此，就像1975年邓小平同志在领导全国大刀阔斧整顿期间说的那样："现在问题相当多，要解决，没有一股劲不行。要敢字当头，横下一条心。"1977年，面对长期

---

① 出自宋代思想家张载所撰《经学理窟》一书，意思是说，如果想要所致力之事取得成功，必须先下定决心。

② 当然还需要客观条件的支撑。如果单纯地强调"心想"，就走向了"唯心论""唯意志论"。

③ 中共中央文献研究室，中共湖南省委.毛泽东早期文稿[M].长沙：湖南人民出版社，1990：275.

④ 王兴国.杨昌济文集[M].长沙：湖南教育出版社，1983：69.

⑤ 王通讯，朱彤.科学家名言[M].石家庄：河北人民出版社，1980：94.

⑥ 〔英〕伯纳德·劳·蒙哥马利.领导艺术之路[M].刘文涛，柯春桥，王维嘉，译.北京：世界知识出版社，1992：4.

形成的思想禁锢状况,邓小平同志鲜明地提出,不能"书上没有的,文件上没有的,领导人没有讲过的,就不敢多说一句话,多做一件事,一切照抄照搬照转"。他强调,"改革开放胆子要大一些,敢于试验,不能像小脚女人一样。看准了的,就大胆地试,大胆地闯","走不出一条新路,就干不出新的事业"。习近平同志说:"事业成功的原因很多,奋发有为是主要因素。""面对工作难题,要有明知山有虎、偏向虎山行的劲头,积极寻找克服困难的具体对策,豁得出来、顶得上去"①。

无论是意志,还是干劲、胆量,其实质都是一种精神,就是毛泽东所说的"人是要有一点精神的"。"世上无难事,只要肯登攀。"事业能否成功,要看有没有战胜困难的决心,有没有不怕挫折的意志力,有没有敢打硬仗的干劲。

一个人需要一点精神,一个国家、一个民族同样如此。井冈山精神、长征精神、延安精神、西柏坡精神等,使党和人民军队展现出经天纬地的战斗力,以摧枯拉朽之势推翻了"三座大山"。中华人民共和国成立后涌现的"两弹一星"精神、红旗渠精神、雷锋精神、抗洪精神、载人航天精神等,激励全国人民奋发图强,取得了社会主义建设的伟大成就。特别是在爬坡过坎、攻坚克难的关键期,没有铁一般的精神和铁一般的意志,任务就无法完成。面对诸多困难、矛盾和挑战,只有保持奋发有为、百折不挠的精神状态,迎难而上,破难而进,撸起袖子加油干,才能取得胜利!

当然,单纯强调精神的力量也是不够的。要成就事情,必须将感性与理性紧密结合在一起,也就是要把基于主观能动性的精神力量与基于客观规律性的正确道路紧密结合在一起,使感性与理性在相互结合中达到和谐。

以改革为例。"改革不只是智慧问题,不只是认识水平问题。改革还需要情与义的投入。邓小平提出的改革开放,无疑在中国当代史上、现代史上都具有划时代意义。这就不只是他的智慧,不只是他认识到了中国非改革不可,'不改革,就只有死路一条'。而且,这也体现了邓小平对中国、对中国老百姓深深的关切、深深的情感。同时,他以坚强的意志力去克服各种障碍和险阻。"②对大学来讲,"真正实行改革,对改革者而言,可能就不能那么功利,就不能有私心;也还得准备承担风险,故而需要一点勇气;道路既不会很笔直,又不太可能一蹴而就,因而,也

---

① 中共中央党史和文献研究院,中央"不忘初心、牢记使命"主题教育领导小组办公室. 习近平关于"不忘初心、牢记使命"论述摘编[M]. 北京:中央文献出版社、党建读物出版社,2019:156.

② 张楚廷. 改革路上:张楚廷口述史[M]. 武汉:华中科技大学出版社,2019:47.

还需要毅力;当然也就需要智慧,需要有效的谋略"①。其中,"情与义""深深的关切、深深的情感""坚强的意志力"、不功利、无私心、"勇气"与"毅力"属于感性方面;而"智慧""认识水平"与"谋略"属于理性方面。这两个方面都是改革成功之必需。

二、具体分析

(一)理想与信念结合

前已述及,信念就是笃信、信奉甚至崇奉的观念,对某事物的存在或出现、发展趋势及结果坚信不疑;理想就是对未来事物的美好想象、憧憬、向往,希望、愿望、追求,目标、志向、抱负。一般来说,理想是起于信念的,或者说是信念催生了理想。这是因为,真正的理想基本是以信念为根据的——"信念,信仰,说的是原本,叙说着原本是什么;理想,追求,说的是要做什么,依原本的信仰去追求,去行动"②。"如果从比较一般、抽象的方面到具体、实际的理解顺序来说,首先是思考大学的信念是什么,然后是思考大学的理想(或追求)是什么……信念是基础,是基于一定的信念来确定理想或追求的。"③譬如,张楚廷"任校长期间,有两个最重要的目标:一是把自己的大学办成最自由的大学,二是把自己的大学办成最自信的大学"④。他一直在努力实现的这两大目标,正是出于他的一个坚定的信念:"我深信,最高水平的大学是最自由的大学,最自由的大学也很可能是最高水平的大学。"⑤

信念,不仅催生了理想,还支撑着理想。举例来说,"我们要登上山顶,这是追求,是理想;因为我们确信登顶是值得的,确信自己是能登上的,这是信念。信念支撑着理想。我深信是我的祖国养育了我,这是信念;我要把一切献给祖国,经由献身教育、献身科学而献身祖国,这是向往或理想——这就是信念支撑了理想"⑥。

基于上面的分析,我们可以做出判断:理想与信念是能够结合在一起,相容同存、互动共生、彼此成就的。《老子》有言:"强行者有志",意思是说,坚强前行的人

---

① 张楚廷. 改革路上:张楚廷口述史[M]. 武汉:华中科技大学出版社,2019:30.
② 张楚廷. 规划与信仰[J]. 高等教育研究,2006,27(7):34.
③ 张楚廷. 院校论[M]. 重庆:西南师范大学出版社,2015:63.
④ 张楚廷. 院校论[M]. 重庆:西南师范大学出版社,2015:5.
⑤ 张楚廷. 院校论[M]. 重庆:西南师范大学出版社,2015:5.
⑥ 张楚廷. 规划与信仰[J]. 高等教育研究,2006,27(7):34.

必是有志向的人。坚强前行,一定是因为受着某种信念的指引、支撑,正是在此种信念下才会激起为之奋斗的志向。因此,尽管信念与理想有所不同,但两者却是紧密联系在一起的——"理想是我们的追求,信念是我们的依托;信念是我们活动的基础,是我们行为的出发点,理想是我们由此出发而寻求的目标。我们信仰什么,我们追求什么,这是相互联系着而又有所不同的两个问题。比如说'真理使你成为自由人',其中便包含了对真理的信仰,同时,也包含了大学的追求:让学生成为自由人,成为能自由创造、自由生活和为他人自由而自由生活的人"①。

　　紧密联系着的信念与理想,有时是完全交融在一起的。像"长风破浪会有时,直挂云帆济沧海"(李白),"大鹏一日同风起,扶摇直上九万里"(李白),"自信人生二百年,会当水击三千里"(毛泽东),"生命诚可贵,爱情价更高,若为自由故,两者皆可抛"(匈牙利裴多菲·山陀尔)等诗句中表达的就是信念与理想的交融。再如,1935年,方志敏入狱后写下《可爱的中国》:"……我们相信中国一定有个可赞美的光明前途……到那时,到处都是活跃的创造,到处都是日新月异的进步,欢歌将代替了悲叹,笑脸将代替了哭脸,富裕将代替了贫穷,康健将代替了疾苦,智慧将代替了愚昧,友爱将代替了仇杀,生之快乐将代替了死之悲哀,明媚的花园将代替了凄凉的荒地! 这时,我们民族就可以无愧色的立在人类的面前,而生育我们的母亲,也会最美丽地装饰起来,与世界上各位母亲平等的携手了。这么光荣的一天,决不在辽远的将来,而在很近的将来,我们可以这样相信的,朋友!"又如,1835年,17岁的马克思在他的中学毕业作文《青年在选择职业时的考虑》中写道:"如果我们选择了最能为人类福利而劳动的职业,那么,重担就不能把我们压倒,因为这是为大家而献身;那时我们所感到的就不是可怜的、有限的、自私的乐趣,我们的幸福将属于千百万人,我们的事业将默默地、但是永恒发挥作用地存在下去,面对我们的骨灰,高尚的人们将洒下热泪。"字里行间里流淌的也是信念与理想的交融!②

---

① 张楚廷.大学理念的论理[J].大学教育科学,2005(1):95.
② 此处再举学界两例。张楚廷在从教60周年纪念会上讲道:"我有当副省长的机会,但我没有去当。我觉得,当校长比当省长好;而当教师又比当校长好。庆幸的是,校长、教师,我都当了。"(2019年6月23日,笔者参会并记录大意)中国高等教育学学科奠基人和开拓者、全国教书育人楷模、厦门大学文科资深教授潘懋元先生常说:"我一生最为欣慰的是,我的名字排在教师的行列里。"教书育人是潘先生一生的夙愿,晚年时的他曾说:"我对物质生活已经无所求,唯求得天下英才而育之。"潘先生在100岁时仍然授课、做报告。

　　由前所述,为了成就事情,信念与理想不仅能够结合,而且必须结合! 这是因为,首先,信念与理想对于成就事情都是非常重要的,信念起着指明方向、明确道路的重要作用,理想则起着激发动力、催生斗志的重要作用,两者均是成就事情所不可或缺的。其次,为了能充分发挥各自的效能,信念与理想需要相互帮衬。譬如,信念的确立及其践行总是需要理想的支持,没有理想的支持,信念就会显得空洞,且不易牢固、持久;而理想的树立及其实现也需要信念予以确认,未经信念之确认,理想极有可能沦为空想、痴想、幻想甚至妄想。

　　更为重要的是,理想与信念的结合,能够使两者相辅相成、相得益彰,最终可达致牢不可破、持之以恒、忠贞不渝的崇高境界。① 从大的方面讲,理想与信念结合、融汇在一起,就能发挥出精神之"钙"的作用——"理想信念坚定,骨头就硬;没有理想信念,或理想信念不坚定,精神上就会'缺钙',就会得'软骨病'"②。"只有理想信念坚定的人,才能始终不渝、百折不挠,不论风吹雨打,不怕千难万险,坚定不移为实现既定目标而奋斗"③。

　　就大学文化、学院文化而言,理想与信念的紧密结合可由"理念"一词来体现。何谓理念?"理念是一个精神、意识层面的上位性、综合性结构的哲学概念,是人们经过长期的理性思考及实践所形成的思想观念、精神向往、理想追求和哲学信

---

① 譬如,长征路上有说不尽的艰难险阻,可谓步步艰辛、时时危险。然而,就是在如此极端艰难困苦的条件下,红军战士穿越黑暗与死亡,最终走向了光明,取得了胜利。是什么激励着红军战士前仆后继、百折不挠? 是革命必胜的信念,是解放天下大众的理想,使他们把生死置之度外而阔步前行! 长征,其实就是一场理想与信念的伟大胜利。邓小平同志曾经指出,"为什么我们过去能在非常困难的情况下奋斗出来,战胜千难万险使革命胜利呢? 就是因为我们有理想,有马克思主义信念,有共产主义信念"。从艰苦卓绝的井冈山斗争到千难万险的长征路,从硝烟弥漫的抗日战争到摧枯拉朽的解放战争,从坚决捍卫国家主权、安全、领土完整的英勇斗争到抢险救灾、保卫人民生命财产安全的顽强拼搏,从支援国家经济社会建设的无私奉献到维护地区和世界和平的实际行动,崇高理想与信念的灯塔指引人民军队一路向前。

② 中共中央党史和文献研究院、中央"不忘初心、牢记使命"主题教育领导小组办公室. 习近平关于"不忘初心、牢记使命"论述摘编[M]. 北京:中央文献出版社、党建读物出版社,2019:92.

③ 中共中央党史和文献研究院、中央"不忘初心、牢记使命"主题教育领导小组办公室. 习近平关于"不忘初心、牢记使命"论述摘编[M]. 北京:中央文献出版社、党建读物出版社,2019:176.

仰的抽象概括,是指引人们从事理论探究和实践运作的航向,是理论化、系统化了的,具有相对稳定性和延续性的认识、理想和观念体系。简言之,所谓'理念',就是指人们对于某一事物或现象的理性认识、理想追求及所持的思想观念或哲学观点。"①通过这一定义,我们可以看出,理念主要包含两大部分:一是精神向往、理想追求,二是理性认识、思想观念或哲学观点(哲学信仰)。这两大部分实质上就是本书所指的理想与信念。张楚廷也在著述中多次论及:"理念是由信念与理想或信仰与追求构成的。"②"大学的理念……它综合着大学的理想和信念,信念乃其所确立之依据,乃其信仰之客观原理;理想乃大学之追求,主观之企望,理念则乃这种主观企求与客观所信之汇合,是寄托与期望之汇合。"③"大学的理念是由信念(或信仰)篇和理想篇共同写出的,理想和信念——理念即大学的灵魂,亦即大学的文化,大学一切梦想的发源地。"④

(二)态度与观念结合

前已述及,那些在思维上习惯化、一贯化的观点被人们称为"观念"。观念是对客观现实的反映形式,是客观存在的主观映象,是在意识中反映、掌握外部现实和在意识中创造对象的形式化结果。而态度是个体对自己所生活世界中某特定对象(人、事、物及观念、情感等)所持有的稳定的心理倾向,这种心理倾向蕴含着个体的主观评价以及由此产生的观念上进而行为上的倾向性。态度与观念是能够结合在一起相容同存的,"你中有我,我中有你",且互动共生、彼此支持(如宿命论者往往会悲观消极、听天由命;而乐天派者常常是乐观积极、奋发有为的)。因为正常情况下,态度里必定蕴含着观念等认知因素——态度必是"观念下的态度";而观念里自然也会渗透进态度成分——观念必是"态度上的观念"。譬如,以生为本这一态度里,必然带着诸如"人才培养是大学的根本任务""大学因学生而生""大学是为学生而办的""不是为养教师而招学生,而是为育学生而聘教师"的观念;"板凳敢坐十年冷""文章不写半句空"⑤这一态度里,必然带着"做学问需安

---

① 韩延明. 哲学的观点:大学理念——理性认识与理想追求[G]//潘懋元. 多学科观点的高等教育研究. 上海:上海教育出版社,2001:59.

② 张楚廷. 高等教育哲学通论[M]. 北京:高等教育出版社,2010:382.

③ 张楚廷. 高等教育哲学[M]. 长沙:湖南教育出版社,2004:306.

④ 张楚廷. 高等教育哲学[M]. 长沙:湖南教育出版社,2004:357.

⑤ 潘懋元. 高等教育:历史、现实与未来[M]. 北京:人民教育出版社,2004:自序.

静沉寂""写文章应言之有物"的观念;而"学生就是大学"①这一观念里,必然带有"以学生为中心""为学生服务""尊重学生主体地位""尊重个性"这样的态度;"校长不是官"这一观念里,必然带有"校长不能有一丝一毫的官气,不能有官腔、官调、官架子"②这样的态度。

为了成就事情,态度与观念不仅能够结合,还必须结合! 原因如下。

首先,观念靠态度来落实、由态度来体现。譬如,学校干部应"全心全意为师生员工服务",这是办好大学、办好学院应有的观念,但要真正做到这一点,"不只是一个认知问题,还有感情问题,许多复杂的场合下,固然要有很好的认识做基础,还必须有深厚的感情来支托,正确的认识再通过情感的锁系,通过日常的锤炼,形成良好的修养,形成风格,使为师生服务的宗旨体现在日常生活中,体现在工作实践中"③。再先进的观念,如果态度跟不上而未见诸行动、付诸实施,也只能是空中楼阁。张楚廷在湖南师范大学主持工作 18 年,办学成效卓著的原因不仅在于他持有的先进的办学观念,还在于他及领导班子兢兢业业的态度——"我和我的同事们把学校当作自己的家,看护它,发展它,繁荣它,我们没有懈怠过,没有不竭尽全力,因而没有留下遗憾"④。

其次,态度以观念为根据、需观念来引领。再以张楚廷为例,他非常崇尚辩证法,曾说:"我喜欢辩证法,并相信自觉接触它的人都会有这种感觉,它不仅有用,而且有味……我从这种喜爱、学习和研究中受益匪浅。我在 30 年的校长生涯中,较少失误,为什么呢? 因为,我虽爱钻牛角尖,但进去了能自己走出来;我总是望着未来,但随时想着昨天和今天;我是理想主义者,却也是现实主义者;我总想着成功和美好,但不忘失败的可能,不忘可能的丑陋;我很自我,但我绝对尊重他人的自我与独立个性。"⑤他对辩证法的喜爱,恰恰是基于他对辩证法的科学认识——"自然界就是辩证存在的,思维正是辩证运行的,人是辩证生长的,社会也

① 耶鲁大学前校长施密德特在 1987 年迎新典礼上对学生们讲:"我非常高兴、非常自豪地对你们说:你们就是大学!"
② 张楚廷. 人论[M]. 重庆:西南师范大学出版社,2015:131.
③ 张楚廷. 张楚廷教育文集:第 5 卷[M]. 长沙:湖南教育出版社,2007:109.
④ 张楚廷. 改革路上:张楚廷口述史[M]. 武汉:华中科技大学出版社,2019:16.
⑤ 张楚廷. 改革路上:张楚廷口述史[M]. 武汉:华中科技大学出版社,2019:195-196.

辩证地运动着"①。总之,"事物是辩证存在的,又是辩证发展的"②。譬如,"自然界辩证地运行着,矛盾着……昼与夜,晴与雨,有机与无机,动物与植物,雌与雄,海洋与大陆,高山与平地,绿色与沙漠,无穷多的范畴"③。再积极的态度,如果观念跟不上,就难免遭遇"不靠谱"的境况——或行动方向上不着边际,或行动方略上不切实际、不合时宜,或行动方式上不得要领。譬如,要当好校长,仅有对学生、对教育的热爱态度是不够的,还需要有先进的、系统的观念来引领——"所谓教育观即对教育中的一些最基本的问题所持观点之总和。……教育观是属于观念形态的东西,是理性的范畴,校长不可能光靠对教育事业的一番感情、对后代子女的热爱来办学,诚然这也是最必要的基础,他还必须有自己的理论认识,并不是每一位热爱学生、热爱学校、热爱教育的教师都能当好校长,甚至还加上会讲课、会教书等等,也还不够。校长与一般教师之不同,最主要之点就是应有相当的教育理论修养,应有自己的教育观。"④

第三节　品质Ⅲ：契合性

上节所论结合性,讲的是信念、观念、理想、态度之间的"左右"联系,即理想与信念相互结合、态度与观念相互结合。本节将谈它们之间的"上下"即"内外"联系:居于内核的信念、理想分别与处于外围的观念、态度之间的相互契合,即信念与观念相互契合、理想与态度相互契合。

一、一般分析

在文化结构中,之所以划分出内核(信念、理想)与外围(观念、态度),主要目的在于强调信念、理想之重要性以及随之产生的观念、态度的不可或缺性:信念需要观念来佐证、支撑;理想需要态度来策应、落实。

信念、理想是极其重要的,不论是对个人的发展,还是对组织的发展,都是如

① 张楚廷.改革路上:张楚廷口述史[M].武汉:华中科技大学出版社,2019:192.
② 张楚廷.改革路上:张楚廷口述史[M].武汉:华中科技大学出版社,2019:195.
③ 张楚廷.改革路上:张楚廷口述史[M].武汉:华中科技大学出版社,2019:194.
④ 张楚廷.张楚廷教育文集:第5卷[M].长沙:湖南教育出版社,2007:114.

此。因为，信念与理想不仅可以确立人前进的方向，还能赋予人前行的力量——"人真正有力量的地方，首先来源于精神，来源于思想，以及由此而生成的理想、信念"①。

深入地看，居于内核的信念与理想，关注、回应、解答的是"为什么做这件事情"（why）的问题，关涉方向，属"形而上"之道②的范畴；而处于外围的观念与态度，关注、回应、解答的是"这件事情是什么"（what）、"如何做这件事情"（when-where-who-how）的问题，关涉方法，属"形而下"之器的范畴。对完成事情、成就事业而言，道与器即信念、理想与观念、态度都是必需的，且两者是相互契合、和谐一致、相辅相成的：信念是基于观念的信念，观念是信念之下的观念；理想是基于态度的理想，态度是理想之下的态度。

二、具体分析

（一）信念与观念契合

信念与观念契合，一方面体现为信念是基于观念的信念。此时，观念作为依据，用以佐证、支撑作为目标之理性设计的信念；或者反过来说，作为目标之理性设计的信念，需要作为依据的观念来佐证、支撑。如清华大学经济管理学院在"学院文化"中所提的"成为世界一流的经济管理学院"，实质上就是它所追求的目标。此目标在清华经管人的心目中是一定会实现的，由此也就成为他们的信念（反过来说，信念也就是目标之理性设计了）。这一信念是有充分依据的，是基于他们对"什么才是世界一流的经济管理学院"，特别是对"我们会成为世界一流的经济管理学院吗"的认识（即观念）而做出的判断。且看来自该学院网站信心满满、颇感自豪的"自我介绍"："1984 年，作为在 1952 年院系调整后清华大学成立的第一个学院，清华大学经济管理学院诞生，朱镕基出任首任院长。……学院融合经济学科与管理学科，为中国经济改革和发展贡献思想，为中国企业崛起创造智慧，学院培养的学子遍布中国与世界，在各自领域发挥着重要作用。"30 多年来，清华大学经管学院在人才培养、科学研究、社会影响、国际交流等方面一直保持国内领先水平。

信念与观念契合，另一方面则体现为观念是信念之下的观念。此时，信念作

---

① 张楚廷. 人论［M］. 重庆：西南师范大学出版社，2015：150-151.
② "形而上者谓之道；形而下者谓之器。"出自《易经·系辞》。

为目标之理性设计,用以指导、引领作为路径的观念;或者反过来说,作为路径的观念,需要作为目标之理性设计的信念来指导、引领。仍以清华大学经济管理学院为例。该院在"学院文化"中将其使命确立为"创造知识、培育领袖、贡献中国、影响世界",并为各教学项目确定了具体理念及路线:

> 本科:通识教育 个性发展
>
> 博士:追求真理 崇尚科学
>
> 硕士:经世济民 追求卓越
>
> MBA:根植中国 面向世界
>
> EMBA:培养产业领袖 塑造企业未来
>
> 高管教育:百战归来再读书

由此可见,无论是使命,还是理念及路线,究其实质都是作为路径的观念。而这些观念都受"成为世界一流的经济管理学院"这一信念的指导和引领,从而符合"成为世界一流的经济管理学院"的要求。

(二)理想与态度契合

理想与态度契合,一方面体现为理想是基于态度的理想。此时,态度作为条件,用以奠基、支持作为目标之感性追求的理想;或者反过来说,作为目标之感性追求的理想,需要作为条件的态度来奠基、支持。这里以华中科技大学机械科学与工程学院为例。该院始建于1953年,伴随着共和国机械工业的成长,经过几代机械人的不懈奋斗,已形成独特的学科优势和办学风格,汇聚了一大批在国内外机械制造领域享有盛誉的优秀人才,业已成为该校规模最大、实力最雄厚的学院之一。该院网站上的"学院简介"写道:

> 几十年来,在以杨叔子、熊有伦、周济、李培根、段正澄、丁汉等6位院士为代表的一大批学科带头人的带领下,学院始终坚持"明德、厚学、求是、创新"的优良校风,发扬"自强不息、团结协作、快速反应、尽职尽责"的"STAR(Striving, Teamwork, Agility, Responsibility)"学院文化精神,以创新、发展为主题,以学科建设为主线,坚持走育人为本,"学、研、产"三足鼎立,培养高质量复合型人才的办学思路,在前进的道路上,抒写了自己成就的篇章,履行了自己肩负的责任。相信在未来的发展中,机械科学与工程学院全体教职员工一定会再接再厉、锐意进取,为把学院早日建成国内一流、世界知名的机械科学与工程学院而努力奋斗。

透过文字，清晰可见的是，"建成国内一流、世界知名的机械科学与工程学院"已成为华中科技大学几代机械人共同的宏伟理想。这一宏伟理想，绝不是空想，更不是妄想，而是基于几十年厚积而成的"明德、厚学、求是、创新"以及"自强不息、团结协作、快速反应、尽职尽责"优良作风和精神（即态度）所树立的一定能实现的目标追求。

理想与态度契合，另一方面则体现在态度是理想之下的态度。此时，理想作为目标之感性追求，用以牵动、催发作为要求的态度；或者反过来说，作为要求的态度，需要作为目标之感性追求的理想来牵动、催发。这里先举组织层面的两个例子。一例是清华大学经济管理学院。该院学院文化中所确立的核心价值——正直诚实、敬业尽责、尊重宽容——实质上就是学院师生员工秉持的对己、对事、对人的态度，而这一态度正是受到"成为世界一流的经济管理学院"这一理想催发和牵动的。另一例是浙江师范大学经济与管理学院。该院确立了"惟经惟济　尚德尚行"的院训，释义如下：

> "惟经惟济"是整体发展思路与目标之概括，"惟"取"专注于、致力于"之意，"经"包含两层含义：一为经营商务，一为经略时务；分别对应学院专业中的"经济"与"管理"两大类别。"经"是思路，"济"为目标，意为"济世、济国、济民"，此为学院坚执的永恒追求。"尚德尚行"提出实现以上目标的路径与举措，核心即为"尚德尚行"，不仅要崇尚道德，注重修养，还要强化实践，身体力行！①

该释义清楚地表明，尚德尚行——不仅要崇尚道德、注重修养，还要强化实践、身体力行——业已成为该院师生为人为学所恪守的态度，而这一态度的确立，正是受了"济世、济国、济民"这一"学院坚执的永恒追求"（即理想）的牵动和催发。

下面再从个人层面举一例。北京大学经济学院萧灼基教授曾讲述自己为何立下并最终实现了"两个宏愿"的故事。

> 1956 年，学术界有两件大事：一是《马克思恩格斯全集》中文版第一卷出版，二是德国梅林的《马克思传》中译本再版。这两件事对我的触动很深。那时候我就立下了两个宏愿。第一个是，我要通读马恩全集；第二个是，我自己要写《马克思传》和《恩格斯传》。之后工作无论多么繁忙，我都始终努力实现这两个心愿。

---

① 浙江师范大学经济与管理学院. 学院概况［EB/OL］. http://sxy.zjnu.edu.cn/xybs/list.htm.

……

十年动乱期间……最难过的莫过于没有书读,没有人交流。有一次,毛主席发表了最新指示:你们要看书学习,弄通马克思主义。我仿佛瞬间看到了读书的机会和希望,可以如愿以偿地实现读书的愿望了,随即向看管我的人提出了读马列的要求,得到了批准。于是,每当起床号一响,我便立即起床,抓紧时间看书。用这一年多宝贵的时间,认真研读了已出版的马恩全集。

在工作之余,我还读了大量的其他经典著作。……

正是有了这些积累,再加上学术环境的逐步宽松,1981年,我出版了25万字的《马克思恩格斯著作中的历史人物》;两年后,又出版了25万字的《马克思的青年时代》;再过两年,43万字的《恩格斯传》出版。本打算早日出版《马克思传》,却一直拖了十几年。个中缘由,除了平时要搞教学、带研究生外,还要研究许多课题,到各地调研考察,参加社会活动;更重要的是要投身于一项在我国具有迫切实践需要和充满挑战性的工作——市场经济研究。

我总是想,资料要研究得多一点,问题想得深一点,把《马克思传》写得好一点。几十年来,一直希望在《马克思传》定稿之前,能够到马克思的故乡,到他生活和工作过的地方进行考察。1998年4月份,终于成行。10天的时间,沿着马克思从出生到去世的足迹,跑了8个国家。比如马克思的诞生地特利尔,马克思就读的波恩大学,马克思最早从事革命活动的地方科伦,马克思完成《共产党宣言》的布鲁塞尔,马克思经常工作的伦敦大英博物馆,马克思墓地等。这10天的考察对写好《马克思传》积累了大量资料,至今回忆起来,仍记忆犹新。

50多年来,我一直"目标始终如一",坚持不懈,努力完成这项任务。终于在2008年这个特殊的年份,《马克思传》出版了。这一年是中国改革开放30周年,也是马克思190周年诞辰。我终于实现了"一个人独立完成两位革命导师的单独个人学术传记"这一愿望,感到莫大的欣慰。①

这是一段读后令人顿生崇敬之情的文字。

---

① 萧灼基. 一生从教情未了[G]//北京大学经济学院. 百年华章:北京大学经济学院(系)100周年纪念文集. 北京:北京大学出版社,2012:50-51.

萧灼基教授之所以能够坚持 50 多年来"目标始终如一",无论工作多么繁忙都始终努力,并且执着地坚持着资料要研究得多一点、问题想得深一点、写得更好一点,是因为当初立下两大宏愿,久久为功,终有所成,实现了他"一个人独立完成两位革命导师的单独个人学术传记"的愿望。这是一个典型的态度受理想来牵动、催发的例子。

第四节　强度Ⅰ：一致性

一致性是文化在强度上的重要性能参数之一,并且是首要的性能参数。

一、何为一致性

前已述及,文化是群体成员长期共有的精神体系。一致性是此文化定义中"共有"的衡量参数。

共有即共同持有,表示成员们对某套信念、观念、理想、态度的集体认同。所谓认同,对文化倡导者而言,是内化、践行;对跟随者而言,是赞同、遵照;对观望者而言,是认可、接受——其实质是个人的信念、观念、理想、态度与所确定的群体的信念、观念、理想、态度的贴近。

集体认同程度即一致性程度取决于一段时期内每位成员的信念、观念、理想、态度与所在群体自然生成的主流文化或塑造的(在初始阶段,是"倡导的")模板文化的贴近程度,强调的是个人在理性(尤其是信念、观念)与感性(尤其是理想、态度)两个方面与集体的一致,且这种一致不是外敷于表面的,而是根植于内心的。下面以哈尔滨工业大学电气工程与自动化学院作为例子说明之——"在电气学院,从白发苍苍的老教授到初出茅庐的年轻教师,从全国名师到普通的辅导员,身上都洋溢着一种爱的激情,对事业的爱,对学生的爱"[①]：

　　"作为一名高校教师,首先要师德高尚。自己要关心学生,要一心扑到工作上,言行举止要能起到表率作用。"已经从教 48 年的全国教学名

---

① 刘培香. 传统·精神·文化——哈尔滨工业大学电气工程与自动化学院发展纪实[J]. 中国电力教育,2010(20):50.

师蔡惟铮教授说。

……黑龙江省教学名师吴建强教授说:"每次授课,我从来不敢马虎,甚至还有一种微微紧张的感觉。就是这种感觉,促使我对于每次课都精心准备,每次讲课都有一种新鲜感、兴奋感,这样才能孜孜以求、不断探索,才能始终保持不衰的精力,才能把最好的教学效果奉献给学生。"

……2006 年,年轻教师霍炬在我校第一届青年教师教学基本功竞争中获得一等奖。霍炬在获奖感言中说:"热爱一个学生等于塑造一个学生,而厌弃一个学生则无异于毁坏一个学生……如果说教师的人格力量是一种无穷的榜样力量,那么教师的爱心是成功教师的原动力。"这不仅仅是霍炬的真心话,也是电气学院许多教师的心声。①

一般而言,组织并非是由一个个独立个体直接构成的,而是由包含着一定数量的个人的若干部门构成的,像大学中的学院多是由若干系(教研室或下设教研室)、研究所(中心)、办公室等部门构成的。基于此,一致性,不仅是以上所言个人在理性(尤其是信念、观念)与感性(尤其是理想、态度)两个方面与集体的一致,还是各个部门在理性(尤其是信念、观念)与感性(尤其是理想、态度)两个方面与集体的一致。以清华大学经济管理学院为例。该学院内设教学、科研、服务、交流等多个部门,但各个部门都把"成为世界一流的经济管理学院"当作自己的愿望,并将"一流"的要求落实到具体工作中。例如,在一流的人才培养方面,2015 年,"学院 EMBA 国际项目排名全球第一,为中国大陆商学院首次";世界著名历史学家、哈佛大学历史系尼尔·弗格森(Niall Ferguson)教授在该学院开设课程"中国与世界:历史视角"(China and the World-A Historic Perspective);在"顾问委员走进清华经管课堂"项目中,顾问委员与学生之间的小班讨论、近距离对话使学生有更多机会与世界一流的企业家和投资家交流②;再如,在顾问委员企业"职业探索日"活动中,从石油巨头壳牌、全球领先的啤酒品牌百威到软件服务业巨头微软,都为学生提供参访机会,使学生了解行业特点及趋势,为其职业发展提供参考。在一流

---

① 刘培香. 传统·精神·文化——哈尔滨工业大学电气工程与自动化学院发展纪实[J]. 中国电力教育,2010(20):47.

② 清华大学经济管理学院顾问委员会成立于 2000 年。该委员会云集了一批世界级商界领袖和学者。每年,顾问委员会的委员们都要到经济管理学院开年会、提建议。自 2013 年起,在钱颖一院长的推动下,顾问委员会的委员们开始走进课堂与学生交流互动。

的学术研究及国际交流方面,世界著名物理学家张首晟到清华大学经济管理学院跨界畅谈科学、创新与投资;三位诺贝尔经济学奖得主齐聚清华大学经济管理学院,参加"增长战略:国家角色的转变"高端学术会议,此次会议汇集了来自亚洲、欧洲、美国等的学者、专家、政商领袖。在一流的社会服务方面,受中共中央组织部及国务院国有资产监督管理委员会委托举办"中央企业领导人员经营管理培训班",帮助中央企业领导人员开阔视野、更新观念、拓宽思路、树立战略思维,使其成为引领中央企业发展的德才兼备、善于经营、充满活力的领军人才。

二、一致的必要

这里要谈的"一致的必要",实质上是要回答这个问题:一致性作为文化的重要性能参数之一且是首要的性能参数,其意义(价值)何在?

首先,一致增强了文化中精神体系的共有程度。一致,前已述及,表明群体成员对某套信念、观念、理想、态度等的集体认同、拥护支持不唱反调,从而较少产生分歧与纷争,也无"小圈子""小团伙""小山头",同心而不离心——不仅个人与个人之间这样,部门与部门之间也如此——最终达到高度集中,从而浑然一体。

其次,共有精神体系使得组织在内部和谐的基础之上更有理智,也更富情感——聪明劲儿足、精气神儿旺,从而更有力量,更能成就事情,组织及个人因此都得以良好发展。共有意味着凝聚,"即便在最恶劣的条件下,当人们凝聚到一起时也能够发生好的事情,但是,当人们被分离或者往相反的方向努力时,任何积极的事情都将不会发生"①。共有也意味着协同、步调一致、志同道合,"心往一处想、劲往一处使",结果则是众志成城,"人心齐,泰山移""上下同欲者胜"。就大学发展、学院发展而言,特别需要做到这一点。正如北京大学原校长林建华所指出的,大学需要协同:

> 大学是高度依赖个人创造性的学术机构。我们可以把大学比作一个齿轮箱。齿轮箱是用来调节转速或转换方向的。一般的齿轮箱动力从一端输入、另一端输出,主动轮和从动轮泾渭分明。但大学却很不一样,每一个齿轮都是一个独立的动力源,都有自己的愿望和能动性。如果大家运动方向不协调、相互掣肘,齿轮箱就无法输出任何动力。如果

---

① 〔美〕特伦斯・迪尔,艾伦・肯尼迪. 新企业文化:重获工作场所的活力[M]. 孙健敏,黄小勇,李原,译. 北京:中国人民大学出版社,2008:187.

大家能够协调一致、相互配合,输出的动力就会成十倍或成百倍地增强。①

第五节 强度Ⅱ:一贯性

一贯性是文化在强度上继一致性之后的又一重要性能参数。

一、何为一贯性

上节论及,文化是群体成员长期共有的精神体系,一致性是此文化定义中共有的衡量参数,而一贯性则是此文化定义中"长期"的衡量参数。

倘若"共有"属于空间范畴,指所确定的信念、观念、理想、态度在群体成员中(即空间上)的覆盖程度(或曰"分布密度"),那么,"长期"则当属时间范畴,意指时间的跨度。

当然,一贯性不仅指时间跨度即时间多么长久,还内含着连续性即是否中断(若中断,中断的程度)方面的要求。因此,一贯性即一以贯之,究其实质取决于"一直"程度与"连贯"程度两个方面。下面举三例说明之。

前两例仍是上节所提的学院——哈尔滨工业大学电气工程与自动化学院、清华大学经济管理学院。先看前者。"规格严格,功夫到家"是哈尔滨工业大学的校训,同时也是该校电气工程与自动化学院的文化传统和精神灵魂。多年来,这种传统和精神被一代代电气学院人很好地发扬并传承下来,成为提升学院综合实力的源泉。也正是这种优良的文化传统,使电气学院形成了名师、名课的"场效应",出现了一批"名教材",培养出了众多的"名学生"——知名校友。由此可见,"规格严格,功夫到家"作为该大学文化、该学院文化的内核与精髓,在该校、该院被一以贯之即"一直"且"连贯"地继承下来并发挥了积极效应,这就是文化的一贯性。

再看后者——清华大学经济管理学院。上节提及该学院的各个部门在把学院"成为世界一流的经济管理学院"的愿望当作自己的愿望上所表现出的一致性,还仅是横向上或者说是空间轴上的强度描述。在纵向(或时间轴)上,"成为世界

---

① 林建华. 校长观点:大学的改革与未来[M]. 上海:东方出版中心,2018:15.

一流的经济管理学院"的愿望也被一贯地坚守和承继着。该院于 1984 年成立,朱镕基担任首任院长。在成立大会上,朱院长就讲道,"我们清华经管学院不办则已,一办就要办成世界一流的"! 30 多年来,这一初心,始终未改——这可见于钱颖一在清华师生学习《朱镕基讲话实录》座谈会上的讲话:"'建设世界一流学院''把教师作为根本推动力''为人先于为学'以及'追求完美',是朱镕基院长为我们清华经管学院指明的发展道路。我们清华经管学院有朱院长的领导,实属幸运。我们一定继续努力,我们不会让朱院长失望。"①

第三个例子且看浙江大学教育学院。该院院史总结道,80 年来,学院所肩负的"探求教育之道"的使命与理想,被"一直"且"连贯"地承继下来:

> 教育是数代人为之努力的事业,数代人为之求索的理想,故"教育"之道,可谓"薪火相传"是也。……无论怎样坎坷,无论怎样动荡,人们对教育理想的坚守始终如一……这一学科的精髓、灵魂、学脉、师承,更是经百变而不衰,历千辛而不竭,始终保持着旺盛的生命,在复杂的境遇中拓展、延宕、壮大、自强,书写着自身的传奇。②

二、一贯的必要

如同上节所谈的"一致的必要",此处"一贯的必要"实质上是要回答这个问题:一贯性作为文化的重要性能参数之一,其意义(价值)何在?

首先,一贯增强了文化中精神体系的长期程度。一贯,前已述及,表明群体成员对某套信念、观念、理想、态度等"一直"且"连贯"的认同、接受及践行,体现了一种持久的秉持与坚守。

其次,长期持有(特别是长期共有)某种精神体系会使组织成员逐步养成某种思维行为习惯,最终生成一种属于组织自身的延绵不断的传统。习惯及传统的力量是巨大的——"当理念成为一种传统时,其力量就是其他因素难以比拟的"③,不仅理念(也可理解为理想、信念)如此,观念、态度亦如此!

何谓习惯(也称"习性""惯习")? 习惯,即"习于旧贯",指称逐渐养成而不易

① 　钱颖一. 大学的改革:第二卷[M]. 北京:中信出版社,2017:25.
② 　赵卫平,张彬. 浙江大学教育学院院史[M]. 修订版. 杭州:浙江大学出版社,2019:第一版前言 2-3.
③ 　张楚廷. 高等教育哲学通论[M]. 北京:高等教育出版社,2010:383.

改变的行为。通俗地讲，习惯就是积久养成的生活方式。就一个群体而言，习惯即习俗、风尚。习惯是如何养成的？究其根本在于人们思考及行为上"一直"且"连贯"的重复性，且一旦养成就不易变换、更改。而重复恰恰是由人类固有的偷懒品性所致——大脑天然地倾向寻求更省力的运作方式，沿袭以往的、沉淀下来的模式就是最为省力的。跨文化传播（交际）学奠基人、美国人类学家爱德华·霍尔曾谈及大脑的这一机制，说："人类所具有的一切和所做的一切都受到学习的修正，因而这一切都有可塑性。然而一旦学习到手，这些行为模式、习惯性反应、交往的方式，都逐渐沉入了大脑的皮层之下。它们宛如潜艇编队的司令，从深层的地方进行控制。这些隐蔽的控制机制常常被感知为先天的东西，因为它们不仅无时不在、无处不在，而且已经习惯而成自然了。"①

习惯如上，那传统又是什么呢？传统就是世代相传的文化。文化与传统形影相随、密不可分，以至经常被连在一起称谓：文化传统、传统文化。张楚廷讲得好，"所谓传统，即文化传统；所谓文化，即指文已化成之传统"②。

谈到"文已化成之传统"，此处仅举一例：浙江大学教育学院。该院始于 20 世纪 20 年代浙江大学创立的教育学科。

> 随浙江大学这一母体，一起经历过战争，经历过流亡，经历过曲折，更经历过多次的起起伏伏、分分合合。但是，无论怎样坎坷，无论怎样动荡，人们对教育理想的坚守始终如一，"供实验参考的 30 多种外文的心理学杂志和外文心理学学报，即便抗战期间几经迁移，也没有丢失过一本"。这一学科的精髓、灵魂、学脉、师承，更是经百变而不衰，历千辛而不竭，始终保持着旺盛的生命，在复杂的境遇中拓展、延宕、壮大、自强，书写着自身的传奇。在 80 年的学科沿革中，可谓时出硕果、代有传人。一代代学人为着共同的事业和理想，矢志教育而终生不渝，以自己的成就和影响，书写着院史的骄傲与荣光。③

在 80 年发展史中，该院一直坚持"探求教育之本"，履行、实践"求是育英"的教育宗旨。1928 年设立国立浙江大学文理学院之初，即有"注重教育学之研究及

---

① 〔美〕爱德华·霍尔. 超越文化[M]. 何道宽，译. 北京：北京大学出版社，2010：40.
② 张楚廷. 大学文化与传统[J]. 高等教育研究，2012，33(6)：6.
③ 赵卫平，张彬. 浙江大学教育学院院史[M]. 修订版. 杭州：浙江大学出版社，2019：第一版前言 2-3.

教育方法制度之试验,以改进浙江全省之中小学及社会教育"和"造成通达明敏之社会服务人才"的治学初衷。教育学科的每一代教授多为既勤于教学又精于研究的学者,他们在课堂上或温和谦逊,或庄重谨慎,或认真细致,或扼要明晰,个个学有专攻,风采绝尘,在长期的教学实践中培养了大批教育人才。[1]"求是"求真理,"育英"育英才——经过 80 年的传承,这一理念已经化成该院的优良传统。一直以来,浙江大学教育学院把培养"厚基础、宽口径、重实践、多技能"的高层次、复合型人才作为本科教学工作努力的主要方向,在工作中始终把与人才培养密切相关的教学工作放在重要位置并通过教学考核、评优活动、岗位聘任、职称晋升等各个环节,在学院职权允许范围之内,把对教学工作的重视给予最大的体现。[2] 持之以恒,久久为功,全院逐步形成了扎实优良的教风和学风。正如杭州大学教育系(1999 年与其他单位组建浙江大学教育学院)1977 级本科生、1995 级博士生(浙江大学教育学院 2002 届博士毕业生),曾任杭州师范学院院长、杭州师范大学校长的林正范所感怀:

> 先后两次作为教育系的学生,我深深地感受到了存在于教育系的那种良好的教风,并感受到了那种浓浓的师爱之情,至今不能忘怀!
>
> ……正是当年教育系老师的严谨、严格的教风,在我们这些学生身上留下了深刻的印记,以至于我们自己在毕业后的工作和继续学习生涯中,也能体现出让人认可的认真的作风。
>
> ……这么多年过去了,无论是在教授还是在大学校长的岗位上,我一直记得教育系老师们的严谨教风与师爱之情,并且在我的教学与领导管理工作中,努力地像老师们那样去践行,关爱着自己的学生们。[3]

第六节　强度 Ⅲ：一统性

一统性是文化在强度上继一致性、一贯性之后的第三重要性能参数。

---

[1]　赵卫平,张彬. 浙江大学教育学院院史[M]. 修订版. 杭州:浙江大学出版社,2019:3.

[2]　赵卫平,张彬. 浙江大学教育学院院史[M]. 修订版. 杭州:浙江大学出版社,2019:133.

[3]　赵卫平,张彬. 浙江大学教育学院院史[M]. 修订版. 杭州:浙江大学出版社,2019:249-250.

一、何为一统性

前已述及,文化是群体成员长期共有的精神体系。"一统性"是此文化定义中关于"群体成员"的衡量参数。

群体成员的一统性,首先应基于相当的规模。正如埃德加·沙因所指出的,"没有群体,就不会有文化"[①]。进一步看,正如人们常说的"风大就凉,人多就强""柴多火焰高""人多力量大"一样,人多,文化力量也大!

像堪称学院文化典范的清华大学经济管理学院,其体量就不小:拥有会计系、经济系等 7 个系以及清华大学技术创新研究中心、清华大学现代管理研究中心、清华大学中国经济研究中心、清华大学中国财政税收研究所、清华大学产业创新与金融研究院、国家统计局—清华大学数据开发中心等 42 个研究中心(院、所)。截至 2020 年 3 月 31 日,该院共有全职教师 159 人、职员 420 人,在读学生 4749 人(全日制、非全日制),学位项目校友 33772 人、合作学位项目校友 3464 人、非学位项目校友 93792 人。

已有 90 多年历史的东南大学建筑学院也是基于相当规模而逐步生发出深厚浓郁学院文化的一个例子。

> 据不完全统计,东南大学建筑学院自 1927 年成立建筑科/系至今,有近 500 人次的教职员工曾在此度过值得记忆的年华,倾注了他们宝贵的乃至是毕生的心血。……如果把东南大学建筑学院喻为学术的殿堂,代代为此付出辛劳和智慧的老师们即为当之无愧的功臣;把东南大学建筑学科视为矗立的山峰,他们是无可置疑的脊梁;把东南大学的中大院比作一个数代同堂的大家庭,他们是深受爱戴的尊长。[②]

那么,规模多大才算是"相当"?这就要看学院所包含的系、学科、专业的数量有多少了。因为,一个系、一个学科、一个专业要合乎标准,进而办出水平,总是需要一定数量的人员的。如表 6 所示,清华大学经济管理学院各系的人数为 13～29 人,平均约为 23 人(全职教师,不包括职员)。

---

① 〔美〕埃德加·沙因. 组织文化与领导力:第 4 版[M]. 章凯,罗文豪,朱超威,等,译. 北京:中国人民大学出版社,2014:64.

② 东南大学建筑学院教师访谈录编写组. 东南大学建筑学院教师访谈录[M]. 北京:中国建筑工业出版社,2017:序.

表6 清华大学经济管理学院各系教师数(不含职员)

系	会计系	经济系	金融系	创新创业与战略系	领导力与组织管理系	管理科学与工程系	市场营销系
教师数	19	29	26	27	21	24	13

在"相当"规模的基础上,可从以下三个方面来观察、测定一统性的程度。

第一是稳定。埃德加·沙因指出,"任何一个具有某种共享历史的社会单位都将发展出一种文化,而该文化的强度则取决于时间的长度、群体成员的稳定性以及他们共享的实际历史经历的情感强度"[①]。其中的"群体成员的稳定性"是文化强度的重要且基础性的决定因素。其中的道理,很容易理解:文化是群体成员长期共有的精神体系,精神体系是附着于群体成员身上的,如果成员进进出出的流动过于频繁,甚或流出多于流入,文化的长期共有属性自然就会削弱,直至文化自身消失殆尽,即所谓"皮之不存,毛将焉附"。

第二是亲近。亲近意味着成员对所在群体是接纳、欣赏、喜爱,乃至敬仰、爱戴、依赖的。正如北京大学前副校长、2002年至2010年任北京大学经济学院院长的刘伟教授曾表达的,"从1978年春至2015年春,37年的光阴,一步步走来,北大经济学院与我的生命,与我的成长,的确不是简单的语言能表达的,我敬仰她,依赖她,更从心底爱戴她。这里是真正教育我、带我长大的地方,她塑造了我的品格,赋予了我力量"。

亲近也意味着组织对个人的吸引力及个人对组织的归属感。这里以北京大学工学院助理院长李咏梅与所在学院之深厚情谊为例。

2015年,北京大学工学院迎来了她重建十周年的生日。而我也与工学院结缘整整六年。2009年6月23日……在与当时的创院院长,现任南方科大校长陈十一院士简短的十分钟谈话交流后,十一校长说:"明天就到工学院来上班吧!"我是一个文科生,那一刻却被他的工学梦深深地打动。……我毕业于北大的信息管理系,来到工学院之前已经在北大先后学习、工作了近十年的时间。在向校长点头的时候,我知道自己与母校、与工学院又定下了一份美丽的承诺与契约。能留在燕园不断学习、

① 〔美〕埃德加·沙因. 组织文化与领导力:第4版[M]. 章凯,罗文豪,朱超威,等,译. 北京:中国人民大学出版社,2014:16.

完善自我,同时为母校做点什么,是我心底的愿望。想想经常能够"常向湖光会意思,偶从塔影悟精神"就感到无比的幸福。……在工学院工作的这些年里,我与工学的情谊更加深刻,情感更加浓烈。北大工学的历史可以追溯到1910年,当年的工学人目前依旧健在的,都已经是耄耋老人。听他们缓缓讲述当年的故事,讲述他们对北大工学的感情,字句虽然轻缓,但却铿锵有力。他们非常关心工学院如今的发展,即便挂着拐杖、坐着轮椅也要回来看看新学院的情况。此时我想起的不仅是十年前的自己,更是十年后、几十年后的自己,彼时回望工学岁月,眼中一定会泛起泪光。正如艾青所说:"为什么我的眼里常含泪水,因为我对这土地爱得深沉。"……我非常庆幸自己能与工学结缘,成为一名光荣的工学人。①

亲近的最高境界或许就是在强烈归属感之上的以院为家了。像浙江大学光电科学与工程学院就特别注意处处营造家的氛围:在用房紧张的情况下,学院专门腾出80多平方米的房间,建立了"教工之家"。"教工之家"设有接待室、健身区、休闲吧、露天咖啡座,整体布局大气温馨,成为教职工沟通思想、会客交流、锻炼身体、休闲放松的好地方。学院还经常组织青年教师联谊活动、三八妇女节特色活动、教职工春秋游活动、疗休养活动、退休教师金秋旅游活动等,让教师们在学院里逐渐找到了家的感觉。②

第三是团结。"团结"一词,最初来源于女性的手工编织用语——"团"即线团,"结"即绕结;后来用以比喻为了集中力量实现共同理想或完成共同任务而联合、协作。在本书语境中,团结指的是在稳定与亲近的基础上,组织内成员之间的紧密联系以及相互理解、配合、支持与帮助,不仅意味着同心同德、志同道合、和衷共济、齐心协力,也意味着尊重、友好、温馨、和谐。正如北京大学化学与分子工程学院副院长裴坚教授所描述的:

2001年,我就回国到北大化学院工作。那时林建华担任院长,化学院的整体氛围是非常不错的。化学院在1995年之后,就进行了重新建设和构建。我能明显感受到化学院整体氛围的变化。具体说来就是,研

① 李咏梅. 百载传承 十年臻工(北大工学 2005—2015)[C]. 北京:人民日报出版社,2015:219-221.

② 姚达,吕成祯. 学院文化与创新型人才培养探析——以浙江大学光电科学与工程学院为例 [J]. 高教学刊,2017(14):147.

究意向不会受到太多的干涉,这样就拥有研究的自由,做研究的创造力就能够得到很好的发挥。另外就是,整个工作环境氛围很好。老师之间的关系已经超越相互妒忌、相互鄙视的关系,大家之间的竞争已经不是内部竞争,而是国际竞争。……事实上,北大化学院这些年一直在持续发展,始终有这样一个环境氛围保证大家顺利地进行研究。①

二、一统的必要

"一统的必要"实质上是要回答这个问题:一统性作为文化的重要性能参数之一,其意义(价值)何在?

究其根本,基于"相当规模"及"稳定""亲近""团结"的"一统",其意义(价值)在于为精神体系的"长期""共有"(也即"一贯""一致")开启了前奏、营造了氛围、奠定了基础,使组织成员愿意且能够一直而连贯地共同持有某种信念、理想、观念、态度,从而达到前面两节所论述的"一致"与"一贯"的最终功效。如此看来,成员一统性实乃文化之"根基"、文化之"底盘",正所谓,"有了人,才有文化。任何文化都是人的文化"②。具体到本书语境中,"大学文化不是一个独立的物质形态,它依附在大学肌体之上,但又牵动和导引着这个肌体的思维和行动"③。这里,大学文化所依附的"大学肌体",说的就是具备一统性的大学人群体。

以上所言,还只是一统作为"基础",通过所支撑的"一致""一贯",对组织文化及最终的组织发展所起的间接作用。进一步看,一统所内含着的"稳定""亲近""团结"还能够将组织成员凝聚起来,从而直接支撑、支持、保障组织的发展,正如伟人所做出的论断那样,"团结一致,同心同德,任何强大的敌人,任何困难的环境,都会向我们投降。"(毛泽东)"只要千百万劳动者团结得像一个人一样,跟随本阶级的优秀人物前进,胜利也就有了保证。"(列宁)

就学院的发展而言,这儿有一个凭"人和"(即本书所论"稳定、亲近、团结")而实现一统的天津大学建筑学院的历史典故。

　　　　天津大学建筑系,既不占天时,也不占地利,但在人和方面却颇有称

---

①　裴坚. 科学不是永远正确的[G]//知识实验室. 我在北大当教授:20 位北大学者访谈故事集. 上海:东方出版中心,2018:258.

②　梁漱溟. 东西文化及其哲学[M]. 北京:商务印书馆,2010:317.

③　韩延明. 强化大学文化育人功能[J]. 教育研究,2009(4):90.

道之处,这和徐中先生宽容豁达的人生态度有不可分割的联系。天津大学建筑系的前身,一部分是天津津沽大学的建筑系,另一部分则是唐山交通大学的建筑系,徐中先生原是交大的系主任。这两个部分,由于历史原因,在办学思想上应该说是各有侧重和特点,这种差异是客观存在的,若处理不当,自然会造成隔阂和矛盾。而作为系主任的徐中先生,却以十分谨慎的态度来处理这种关系。对于来自津沽大学建筑系的教师和同学尤其注意讲团结,由于给予了老教师充分地(的)尊重,时隔不久,两系之间的界线便于不知不觉中消失了,这对于办好新的系是至关重要的。至于中青年教师,由于徐中先生崇高的学术威信,都直接或间接地尊之为老师。这样,全系上下便能同心协力地从事于教学、科研工作。①

---

① 彭一刚. 徐中先生与天津大学建筑系的成长——纪念徐中先生诞辰九十周年[G]//宋昆. 天津大学建筑学院院史. 天津:天津大学出版社,2008:19.

第五章

学院文化的功能

"生活的一切方面,无不受文化的触动,无不因文化而改变。这些生活方面指的是:人的个性、人表现自我的方式(含表情方式)、思维的方式、身体活动的方式、解决问题的方式……"①

---

① 〔美〕爱德华·霍尔. 超越文化[M]. 何道宽,译. 北京:北京大学出版社,2010:16.

"尽管文化是一种抽象概念,但文化在社会和组织情境中产生的影响力是巨大的。"①在 20 世纪 40～50 年代,就开始有不少学者重视文化因素,从文化的角度来理解并解释一国或地区的经济和政治发展。到了 80～90 年代,越来越多的社会科学界学者把目光转向文化因素,用它解释更大范围内的各国经济、政治、军事、种族与民族行为以及国家之间的联合或对抗。历史事实确实如此,"一个国家能否繁荣,文化是一个重大的决定因素……在人类进步的过程中,文化价值观确实是重要的,因为它们影响到人们对进步的想法"②。《文明的冲突与世界秩序的重建》一书的作者塞缪尔·亨廷顿也曾指出,一国或地区"发展快慢相差如此悬殊,能做何解释呢? 无疑,这当中有多种因素,然而在我看来,文化应是一重要原因。韩国人珍视节俭、投资、勤奋、教育、组织和纪律。加纳人的价值观则有所不同。简而言之,文化在起作用"③。

对于宏观的国家繁荣、人类进步而言,文化在起作用;就中观、微观的一国高等教育发展、一所大学的发展、一家学院的发展来讲,也同样如此。并且,我们还应注意到,文化所起的作用往往是多方面的,正如埃德加·沙因所言,"文化既是一种'此时此地'的动态现象,又是一种具有影响力的背景结构,它会以多种方式对人们施加影响"④。具体到本书所论"学院文化",它就起着多方面作用,对人们施加着多种影响,即具备多种功能——有的功能是学院成员内在—主动需要(即"我需要")的,有的则是外在—被动施予(即"需要我")的;有的是专门(或主要)针对教职员工⑤的,有的是专门(或主要)针对学生的,有的则是针对包括教职员工、学生等在内的所有学院成员的。

---

① 〔美〕埃德加·沙因. 组织文化与领导力:第 4 版[M]. 章凯,罗文豪,朱超威,等,译. 北京:中国人民大学出版社,2014:6.
② 〔美〕斯特斯·林赛. 文化,心理模式和国家繁荣[G]//〔美〕塞缪尔·亨廷顿,劳伦斯·哈里森. 文化的重要作用. 程克雄,译. 北京:新华出版社,2002:407.
③ 〔美〕塞缪尔·亨廷顿. 文化的作用[G]//〔美〕塞缪尔·亨廷顿,劳伦斯·哈里森. 文化的重要作用. 程克雄,译. 北京:新华出版社,2002:前言 1.
④ 〔美〕埃德加·沙因. 组织文化与领导力:第 4 版[M]. 章凯,罗文豪,朱超威,等,译. 北京:中国人民大学出版社,2014:3.
⑤ 清华大学钱颖一教授在 2020 年 8 月 29 日中国高等教育学会高等教育管理分会第九次会员大会暨 2020 年学术年会主题报告"大学治理:思考与实践"中讲道,教职员工可分为教师与职员,职员又可分为管理岗职员、普通岗职员。

第一节 生活功能

学院文化的生活功能系学院成员的内在—主动需要功能。此功能既针对教职员工,又针对学生,即针对所有学院成员。

一、生活:生存着、活动着

"什么叫生活?不就是生着、活着吗?不就是生存着并开展各种活动吗?人就在这些活动中生活着。"①因此,所谓"生活",实质上就是生存着、活动着。生存着是基本的、基础性的,活动着是进一步的、能动性的。

大千世界,无非就是人、事、物的组合。人们生存着、活动着,无非就是待人、处事、接物。在待人、处事、接物中,去思、去言、去行,即去想、去说、去做。其中,事是核心的,而行(做)是主要的。

学院里的人,可称为"学院人",无非就是师(教师)、生(学生)、员(管理人员)、工(工勤人员)。他们生活在学院中,所要做的事情,从个体的角度看,基本上包括本职工作(对学生来讲,就是学习或发展)、业余生活、集体活动以及其他事情这几个方面。而从宏观层面看,学院的事情大致有三大件:学科专业建设、教育教学及研究服务、组织管理。

"人的突出特征,人与众不同的标志,既不是他的形而上学本性也不是他的物理本性,而是人的劳作(work)。正是这种劳作,正是这种人类活动的体系,规定和划定了'人性'的圆周。"②不论是个体层面还是学院层面要做的事情,"劳作"无疑都是其中最主要的。

二、文化:共同的生活依归

为了更好地生活,为了生活得更好,达到生活的目的,实现生活的目标,就必须有所依归。

---

① 张楚廷.人论[M].重庆:西南师范大学出版社,2015:219.
② 〔德〕恩斯特·卡西尔.人论:人类文化哲学导引[M].甘阳,译.上海:上海译文出版社,2013:115.

所谓依归,具体指的是依托、遵依、旨归。①

如果没有可以依归的东西,生活就会失去方向,漫无目标,甚而随波逐流;如果没有可以依归的东西,生活就会没有章法,随心所欲,甚而任意妄为。对于依归之于生活的特别重要性,梁漱溟先生曾说道:

> 我的生性对于我的生活、行事,非常不肯随便,不肯做一种不十分妥当的生活,未定十分准确的行事。……因为我对于生活如此认真,所以我的生活与思想见解是成一整个的,思想见解到哪里就做到哪里。如我在当初见得佛家生活是对的,我即刻不食肉不娶妻要作他那样生活,八九年来如一日。而今所见不同,生活亦改。因此别的很随便度他生活的人可以没有思想见解;而我若是没有确实心安的主见,就不能生活的!②

一个人如此,一个组织也应如此。而文化作为"群体成员长期共有的精神体系",特别是其中的信念、观念、理想、态度正是人们生活之依托、遵依、旨归所需要之物。正如梁漱溟先生所简明指出的,"文化,就是吾人生活所依靠之一切"③。他还指明,"文化并非别的,乃是人类生活的样法"④。当然,在梁漱溟看来,"文化涉及的不是个体的人,而是在相对稳定的社团中的人的生活"⑤。

正是在此意义上可以说,文化是一种主导性的生存模式。一些著名的人类学家将文化视为人的"第二自然"——"人类生活的基础不是自然的安排,而是文化形成的形式和习惯。正如我们历史地所探究的,没有自然的人,甚至最早的人也是生存

---

① 依归的三个意思均有出处。第一个意思"依托"的出处,如《书•金縢》:"呜呼! 无坠天之降宝命,我先王亦永有依归。"再如徐特立《我和党有历史上不可分离的关系》:"马日事变时,左派涣散,没有组织,在政治上失其依归。"第二个意思"遵依"的出处,如唐•李翱《谢杨郎中书》:"窃惟当兹之士,立行光明,可以为后生之所依归者,不过十人焉。"再如萧乾《一本褪色的相册》:"万众青年所依归的鲁迅先生,竟于十月十九日的黎明……弃我们而溘然长逝了。"第三个意思"旨归"的出处,如孙中山《制定建国大纲宣言》:"《建国大纲》者,以扫除障碍为开始,以完成建设为依归。"再如邹韬奋《抗战以来•开场白》:"记者执笔写本文时,遇有所检讨或批评……以有益于国家民族为依归,决无意攻讦任何方面或任何个人。"

② 梁漱溟. 东西文化及其哲学[M]. 北京:商务印书馆,2010:24-25.

③ 梁漱溟. 中国文化要义[M]. 上海:上海人民出版社,2011:7.

④ 梁漱溟. 东西文化及其哲学[M]. 北京:商务印书馆,2010:66.

⑤ 梁漱溟. 东西文化及其哲学[M]. 北京:商务印书馆,2010:290.

于文化之中。"①"人与其他生物间确实存在本质区别,不在于生存目的方面,而在于生存方式方面。人的生存方式是文化方式:文化才是唯独人具有的生活方式。"②

生活依归既是人们生存着、活动着的出发点,又是生存着、活动着的落脚点。仔细而深入地考察组织生活就会发现,正是作为生活依归的文化在支撑、指导、引领着人们的生活,正如埃德加·沙因所言,"文化作为一组基本假设的集合,为我们界定了关注什么,事情意味着什么,如何从情感上应对正在发生的事情,以及在各种情境下应采取什么行动"③。

第二节 管理功能

"任何一种管理理论、思想,其最终目的都是为了指导组织管理的实践,提高组织的有效性。组织文化研究也是如此。"④也就是说,组织文化研究的出发点及落脚点就是"组织效能"⑤的提升。而以往的若干组织文化研究也发现,组织文化与组织承诺、组织公民行为(成员自发性的利组织行为)、工作满意度及总体经营业绩等指标呈正相关,而与离职意愿等指标呈负相关,从而得出结论:"组织文化对组织绩效有显著影响"⑥,"组织文化在组织建立竞争优势的过程中发挥着决定性的作用"⑦。例如,特伦斯·迪尔与艾伦·肯尼迪就指出,"强势文化"是"持续成

---

① 〔德〕M. 蓝德曼. 哲学人类学[M]. 彭富春,译. 北京:工人出版社,1988:260-261. 转引自:衣俊卿. 文化哲学十五讲[M]. 北京:北京大学出版社,2004:2.

② 〔美〕莱斯利·A. 怀特. 文化科学——人和文明的研究[M]. 曹锦清,等,译. 杭州:浙江人民出版社,1988:32-33.

③ 〔美〕埃德加·沙因. 组织文化与领导力:第 4 版[M]. 章凯,罗文豪,朱超威,等,译. 北京:中国人民大学出版社,2014:26.

④ 李海,张德. 组织文化与组织有效性研究综述[J]. 外国经济与管理,2005(3):11.

⑤ 组织效能(organizational effectiveness)是指一个组织选择适当的目标并实现目标的能力,它是衡量组织管理水平优劣、高低的重要依据。效能与绩效、效率有所不同。一般来说,效能的范围要广一些,通常指组织的总体表现;而绩效通常指经营效果;效率指单位时间内所取得的效果的数量。绩效和效率会产生效能。

⑥ 张德,王玉芹. 组织文化类型与组织绩效关系研究[J]. 科学学与科学技术管理,2007(7):146.

⑦ 孔宪福,王静. 组织文化及其效能的心理学研究[J]. 西北师大学报(社会科学版),2010,47(5):94.

功背后的驱动力"①；埃德加·沙因也强调，"管理学文献常暗示，拥有一种文化是高绩效的必要条件，并且文化的强度越强，组织会越有效"②。总之，可以简练而鲜明地说："文化越强大，组织越有效。"——这个起源于工商界的"定律"，近二三十年来，也逐渐引发了教育界的共鸣，如"组织文化是决定教育组织品质的根本因素"③，这是因为"组织文化作为一种文化管理模式，它能协调人际关系，增强组织凝聚力，培养团队精神，引导成员走向共同目标"④；学校也需要"强调组织文化理论的管理学意义"⑤，注重"文化治校"⑥，重视"文化战略"⑦，充分发挥文化的管理功能。

学院文化的管理功能系学院成员的外在—被动施予功能。此功能主要针对教职员工。那么，学院文化究竟具备何种管理功能？

① DEAL T E,KENNEDY A A. Corporate Cultures：The Rites and Rituals of Corporate Life [M]. Reading：Addison-Wesley Pub. Co.,1982：5.

② 〔美〕埃德加·沙因. 组织文化与领导力：第4版[M]. 章凯，罗文豪，朱超威，等，译. 北京：中国人民大学出版社，2014：13.

③ 〔美〕罗伯特·G. 欧文斯. 教育组织行为学：第7版[M]. 窦卫霖，温建平，王越，译. 上海：华东师范大学出版社，2001：226.

④ 季诚钧，肖美良. 中外学校组织文化研究之比较[J]. 教育研究，2006(3)：83.

⑤ 季诚钧，肖美良. 中外学校组织文化研究之比较[J]. 教育研究，2006(3)：86.

⑥ 眭依凡，俞婷婕，李鹏虎. 大学文化思想研究——基于改革开放30多年大学文化发展的线路[J]. 北京大学教育评论，2016,14(1)：142-168. 该文强调，"大学文化显然不同于大学章程、大学制度、大学规则等管理工具，所以并非直接治校的利器……与大学组织品性高度契合的文化，则会以一种如沐春风般的柔软力量引领大学组织及其成员守持大学理性、维护大学尊严、履行大学使命。……此外，文化本身先于行动存在以及无所不在、无刻不在的全面渗透的特性，使大学文化成为大学组织结构中最不可或缺且最不能被其他替代的要素，其参与大学治校不仅是天赋的权力，更在于文化对大学的影响具有根基性和先决性"。"大学文化治校之所以成为可能且极其重要，就在于大学文化不仅是大学组织的重要基元，而且大学文化与大学权力有着彼此不能分割的高度关联，即它无时无刻或以价值观念或以思维方式引领或主导着大学权力的运作继而间接支配着大学的资源。""文化治校是高校内涵发展的精神动力，是大学治理的最高境界。"

⑦ 别敦荣. "双一流"建设与大学战略[J]. 江苏高教，2019(7)：1-7. 该文指出，"组织文化，这是大学管理和治理的软环境……如果一所大学的文化是健康的、积极的、进取的、和谐的，那么这种文化会体现在每一个师生员工身上，它会给干部、教师和学生带来优良的精神风貌，会使加入其中的每一个人感受到积极和谐、催人奋进的力量。……有什么样的文化就有什么样的大学，有一流的文化，必有一流的大学。推进'双一流'建设，文化战略不能缺位"。

一、廓清—指引功能

为了效率，更为了正当（正确），任何组织的发展都需要方向的指引，学院作为大学运行的重要组织单位自然也不例外。而且，不仅组织整体如此，组织中每一位个体也同样如此——这是由人是"理性动物"这一特质所决定的，因为人们总是喜欢有方向感、做明白事。聊城大学原校长蔡先金在聊城大学的一次工作大会上曾言："理念是行动的先导，思路决定出路，思路和理念的高度决定成就的高度，行动的坚定和自觉来自理念的深刻。大学应该有一套自己的办学理念，在此理念指导下开展各项工作，这是一种自律和发自内心的驱动，也是一种核心竞争力。当理念深入人心，就会迸发出持续惊人的能量。"这段话很好地诠释了以理念、思路为重要内核的文化（主要是理性成分）所起的廓清方向、指引行动的功能。

组织文化研究的先驱者特伦斯·迪尔与艾伦·肯尼迪曾指出，"强文化是指导行为的有力杠杆，它能帮助员工把工作做得更好……强文化……明确指出人们在大部分时间里应该如何行为……人们一旦了解组织对他们的确切期望，就不会把时间浪费在思考在什么情况下应该做什么事上……强文化对生产效率的影响是惊人的"[①]。在高等教育管理研究领域，也早有学者认识到文化的廓清—指引功能，如罗伯特·波恩鲍姆在其所著的《学术领导力》中着意指明，"之所以强调文化的重要性，是因为领导要想在学校组织中发挥更大的作用，就要去影响学校成员对组织生活的理解，这比正式的计划、决策和相关的行政活动会更有效……领导在发展和维护组织成员的信念系统上有着重要的意义，而这种信念系统能够激发成员的组织承诺……在象征意义上，领导者会使我们避免由于情况不明而产生不确定感和不踏实感"[②]。这段话里，"学校成员对组织生活的理解"（即文化所含的理性成分）能够"发展和维护组织成员的信念系统"，进而"能够激发成员的组织承诺"，且"避免由于情况不明而产生不确定感和不踏实感"，就是文化所起的廓清—指引功能的一些表征。

在文化所含的理性成分中，价值观所起的作用尤其能展示出文化的廓清—指引功能。对此，特伦斯·迪尔与艾伦·肯尼迪多有论及，"人们不可避免地要做出

---

① 〔美〕特伦斯·迪尔，艾伦·肯尼迪. 企业文化——企业生活中的礼仪与仪式[M]. 李原，孙健敏，译. 北京：中国人民大学出版社，2008：14-15.

② 〔美〕罗伯特·波恩鲍姆. 学术领导力[M]. 周作宇，等，译. 北京：北京师范大学出版社，2008：9.

抉择,而价值观则是抉择过程中不可或缺的行动指南"①。这是因为,"价值观作为经营理念的核心,为所有员工提供了一个共同的目标"②。可以说,"文化越强,价值系统越丰富、复杂,这些价值观真正产生作用的证据也就越多"③。这些论断都指明了以价值观为重要构成的文化所起的"行动指南"与"共同的目标"等廓清—指引功能。

尽管价值观是文化的重要构成成分,但仍处在观念的层面。"大学文化既是一种存在更是一种信仰"④,我们应从更高的层面(或更深的层面)——信仰、信念的层面去充分体悟文化的廓清—指引功能。特别要注意的是,信念是关于"必然"、关于"一定能实现"的有关当前或未来的事实判断,从而天然地具有这种功能。

伯顿·R.克拉克曾指出,"在一起工作了数年的人们,会发展出关于'他们的'组织的一些共有的感觉(shared feelings);还会发展出一套信念(beliefs),帮助他们确定生活中的位置,赋予他们已为某一院校贡献了如此多时间和辛劳这一事实以意义(meaning)"⑤。

由此看出,信念可以帮助组织成员(不论是大学人、学院人,还是其他社会组织成员,如公司员工)"确定生活中的位置",进而获得工作"意义"。"意义",类似于马斯洛需要层次理论中的自我实现,是人们生活与工作的最高也是最深层次的需要,特别是对学院人这个高级知识分子构成的群体而言。不可否认,"一个生活中的普遍性真理:人是具有社会性的动物。人们总是,并希望未来也同样生活在一起并赋予生活以意义和目标。……他们希望自己的工作有价值,他们希望与他

① 〔美〕特伦斯·迪尔,艾伦·肯尼迪.企业文化——企业生活中的礼仪与仪式[M].李原,孙健敏,译.北京:中国人民大学出版社,2008:22.
② 〔美〕特伦斯·迪尔,艾伦·肯尼迪.企业文化——企业生活中的礼仪与仪式[M].李原,孙健敏,译.北京:中国人民大学出版社,2008:21.
③ 〔美〕特伦斯·迪尔,艾伦·肯尼迪.企业文化——企业生活中的礼仪与仪式[M].李原,孙健敏,译.北京:中国人民大学出版社,2008:30.
④ 王冀生.大学文化哲学:大学文化既是一种存在更是一种信仰[M].广州:中山大学出版社,2012.
⑤ CLARK B R. The Higher Education System:Academic Organization in Cross-National Perspective[M]. Berkeley:University of California Press,1983.83.

人建立有机的联系,他们也相信自己的努力有意义并能创造出不同。"①由此可以说,"文化很难改变,因为群体成员珍视稳定性,它为集体活动提供了意义和可预测性"②。

在以上由"确定生活中的位置"获得工作"意义"的进程中,信念已升华为作为"凝聚力的旗帜"的"共同愿景"③,而"一旦真正建立共同愿景,那么它会有足够的吸引力,把人们的所有努力汇集到一点,从而形成强大的凝聚力"④。这就是文化廓清—指引功能所起到的最终也是最高的功效。

二、提振—鼓舞功能

廓清—指引功能是着眼于信念、观念而分析得出的,现从理想、态度的角度来分析。

上面论及,信念、观念是关于"必然"、关于"一定能实现"的事实判断。相对应地,理想、态度则是关于"必须"、关于"一定要实现"的价值追求。当信念、观念在事实上为组织成员廓清了方向、指明了道路之后,就需要依靠理想、态度从价值上来提振精神、鼓舞士气了。

第二章介绍何为理想、何为态度时已经谈到,理想是对未来事物的美好想象、憧憬、向往而生的希望、愿望、追求以及进一步确立的目标、志向、抱负;态度则是个体对自己所生活世界中某特定对象(人、事、物及观念、情感等)所持有的稳定的心理倾向,内含知觉成分、情感成分、行为意向成分,从而与理想紧密相连,特别是在情感与行为意向上——简单地说,理想是关于"一定要实现"之抱负的,而态度则是关于"一定要实现"之激情的。如此说来,经由信念、观念确立了方向之后,理想与态度就成为前行的动力,而动力是成就事业所不可或缺的,恰如歌德所言,"壮志与热情是伟业的辅翼"("壮志"属于理想,"热情"属于态度)。高尚、远大的理想和诚挚的态度能够激发起人们勇往直前的高昂斗志,并让人们乐在其中。正如特伦斯·迪尔与艾伦·肯尼迪所指明的,"如果文化赢得了人们的心灵,并激励

① 〔美〕特伦斯·迪尔,艾伦·肯尼迪.企业文化——企业生活中的礼仪与仪式[M].李原,孙健敏,译.北京:中国人民大学出版社,2008:序言5.
② 〔美〕埃德加·沙因.组织文化与领导力:第4版[M].章凯,罗文豪,朱超威,等,译.北京:中国人民大学出版社,2014:15.
③ 陈春花.企业文化塑造[M].北京:机械工业出版社,2016:108.
④ 陈春花.企业文化塑造[M].北京:机械工业出版社,2016:109.

人们去追求他们最狂热的梦想……那么它就可以把单调的工作提升到更高的层次"①,即"强文化往往会对那些融入文化的员工有心理上的鼓励作用,并因此使其更快乐地工作"②。

在大学与学院中同样如此,"未来愿景是感动和凝聚大家的最有力武器"③。北京师范大学哲学与社会学学院就认识到,"把学院建成特色明显、学科精良、队伍齐整、学风扎实、具有较强竞争力和持续发展能力的国内一流学院"④,"关键在于通过相应的引导、组织和激励措施,激发教师的使命感和事业心,促使教师业务水平、研究能力的不断提高和学术共同体的形成"⑤。究其实质,该学院就是通过树立明确的理想、态度来提振鼓舞学院人的信心与斗志的。

学院文化中所包含的理想、态度的确能够激发学院人的使命感及责任心,进而实现学院目标,有证如下。

> 在纪念航空系建系80年、力学系建立60年的特殊时刻,面对着一个个伟大的名字和他们的丰功伟绩,继承他们的事业、创造新的辉煌是我们义不容辞的责任,也是光荣而艰巨的使命。继承与发展是继往开来的根本,但继承什么、发展什么却是看上去简单又极具挑战的命题。是什么让我们的前辈在日寇的铁蹄下义无反顾地建立航空系、面对敌机的轰炸建设了远东最大的风洞?是什么让钱学森等选择了在清华举办力学班,从力学班到工程力学系,然后力学学科在全国燎原?是什么让黄克智放弃即将完成的苏联博士学位答辩,在听到祖国的召唤时,毅然回国?是什么让工程力学系在60年的岁月中一直保持学科建设方面的一马当先?在追寻这些问题的过程中,我们听到了对家国情怀和使命的叮咛和诉说,我们看到了追求卓越和对科技发展趋势的高屋建瓴。时移世易,

① 〔美〕特伦斯·迪尔,艾伦·肯尼迪. 新企业文化:重获工作场所的活力[M]. 孙健敏,黄小勇,李原,译. 北京:中国人民大学出版社,2008:209-210.
② 〔美〕特伦斯·迪尔,艾伦·肯尼迪. 新企业文化:重获工作场所的活力[M]. 孙健敏,黄小勇,李原,译. 北京:中国人民大学出版社,2008:258.
③ 林建华. 校长观点:大学的改革与未来[M]. 上海:东方出版中心,2018:220.
④ 北京师范大学哲学与社会学学院. 我的北师大情怀:献给建校110周年[M]. 北京:同心出版社,2012:10.
⑤ 北京师范大学哲学与社会学学院. 我的北师大情怀:献给建校110周年[M]. 北京:同心出版社,2012:10.

但追求卓越的精神价值是永恒的,这需要我们不忘初心,深刻理解时代赋予我们的使命,砥砺前行,不负重托。①

"家国情怀""使命""追求卓越"等词包含着老一辈学院人的理想与态度。正是这种理想与态度,激励着他们奋勇前进、不辞辛劳、义无反顾,也激励着新一代学院人"砥砺前行,不负重托"!

三、陶染—贴近功能

在组织中,业已形成的文化还会因成员对某种信念、观念、理想、态度的共有即一致性,而对成员起着陶染进而使其贴近组织文化(即逐步持有了该种信念、观念、理想、态度)的作用。原因在于生活在(特别是长期生活在)已有文化中的成员,要么会无意识、被动地"自然式同化",要么会有意识、主动地"人为式从众"(不论是情愿的"投靠",如观摩、学习、效仿,还是不情愿但迫不得已、必须屈从于"裹挟"之中),因为"在任何文化中,都很少有人愿意长期独自徘徊于文化之外"②。

而对于"自然式同化",也是历史性"注定"的。北京大学前校长林建华曾举例子说:"大学里还有一个很有意思的现象,很多学生无论是做学问的态度,还是为人处事的方式,甚至举手投足,都会越来越像他的老师,特别是师生多年的研究生更是如此,这可能就是人们所说的'近朱者赤、近墨者黑'吧。由此可以看到,老师对学生的影响是很深的。因此,一旦教师静下心来,专心于学问和教育学生,学校的整体氛围就形成了,学生自然也就会静心学习了。"③

总之,无论是"自然式同化",还是"人为式从众",在组织内,在一段时期里,会逐步使诸多成员的信念、观念、理想、态度与所在群体其他成员的信念、观念、理想、态度在一定程度上一致,如前所述,最终有可能形成"上中下""左中右"之间的"高度集中"与"同心同德",从而"浑然一体","心往一处想、劲往一处使",乃至"人心齐,泰山移"的喜人景象。

当然,这一景象的出现是理想的,甚至是乌托邦式的。这主要是因为人与人之间"性相近也,习相远也"(《论语·阳货》)。尽管人们的原始天性是相似的,但

① 清华大学航天航空学院编辑组. 不忘初心 传承创新:清华大学航空工程系建系八十周年暨工程力学系建系六十周年庆贺文集[M]. 北京:中国财富出版社,2018:前言 2.
② 〔美〕特伦斯·迪尔,艾伦·肯尼迪. 企业文化——企业生活中的礼仪与仪式[M]. 李原,孙健敏,译. 北京:中国人民大学出版社,2008:162.
③ 林建华. 校长观点:大学的改革与未来[M]. 上海:东方出版中心,2018:188.

后天形成的习惯却往往相差很大。这就注定了,无论是"同化",还是"从众",都较难达到较高程度的一致。对学院这一学术性组织而言,更是如此——"学院所包含的诸多学科和学系单位是整个大学得以建立的'基石',较大数量的教职人员、学生以及行政管理人员处于该层次上,因此也是各种意见、观点或者矛盾、冲突的汇集地"①。正是基于这一点,有学者指出,"在一个多元文化背景(教师和学生可能来自不同民族、不同国家)的学院中,如何确立一个具有相同价值观的学院文化,是全球化时代,很多师生来源多元化的学院所面临的现实问题"②。

说一致性难以达到,并非说不能达到——经过一番"交互"甚或周折,也还是有可能达到的。譬如,清华大学经济管理学院院务会,在经过 2015 年 8 月和 2016 年 2 月两次院务工作会议的详尽讨论,并认真听取教师和职员意见的基础之上,终于在 2016 年 3 月 14 日通过了新的学院三年战略规划(2016—2018 年)。而在此之前,全院经历过半年多的讨论,终于在 2014 年 5 月确立了学院的核心价值(正直诚实、敬业尽责、尊重宽容)。③

四、照常—安适功能

在组织中,业已形成的文化,除了因成员对某种信念、观念、理想、态度的共有(即一致性)而起到陶染—贴近的作用之外,还会因长期地(即一贯性)共有这种信念、观念、理想、态度,而使成员照常思考及行动,从而处于一种安适的状态。这其中的机理可从以下三个层面来分析。

第一是无意识层面。无意识即下意识,表现为人的外在行为和状态的自动化,即本能反应。一以贯之地认同、接受、践行某种信念、观念、理想、态度,不论是主动的,还是被动的,长此以往,就会让人逐步形成一种惯性。何谓惯性?在物理学里,惯性指的是物体抵抗其运动状态被改变(也就是尽量保持现有状态)的固有性质。从人性的角度讲,这种惯性实质上是一种安于现状的"惰性",并且是固有的、下意识且不曾觉察的。

第二是潜意识层面。潜意识不同于无意识。无意识反映的仅仅是那些习惯性的或者偶然性的没有通过意识指导的行为状态,潜意识则是人内在的本我所具有的意识,反映着人的内在人格以及原始欲望。"求省事""图方便",就是人的一

① 王建华. 高等教育的持续变革[M]. 南京:南京师范大学出版社,2019:179.
② 郭英剑. 学院文化为何如此重要[N]. 中国科学报,2018-08-07(7).
③ 钱颖一. 大学的改革:第二卷[M]. 北京:中信出版社,2017:94-95.

种潜意识。而"遵照从前""沿袭以往",就"省事""方便"得多——这就为某种信念、观念、理想、态度的一贯性提供了延绵不断的可能。

第三是有意识层面。有意识即发于主观意识、有意为之。人对不确定性的规避,从而降低风险、减少焦虑,就发于主观意识,是人的一种有意识的思维及行为方式。这是因为,几乎在任何一个社会、任何一个组织中,人们对于那种含混不清、模棱两可、前途未卜的情境都会感到是一种威胁,从而总是主动、刻意地去试图避免这种情境的出现,以求得让人感觉安适(安稳、舒适)的确定性结果(结局)。对既有信念、观念、理想、态度(特别是行之有效、经过了历史验证从而确认是正确的信念、观念、理想、态度)的接纳及坚持,就是追求确定性结果(结局)的想法与做法。事实也的确是这样,正如埃德加·沙因所指出的,"如果人们依据某种基本假设受到长期一致性的对待,他们最终会按照那些假设来行动,从而让他们自身的世界变得稳定并且可预测"①。

第三节　教化功能

学院文化的教化功能系学院成员的外在—被动施予功能。此功能主要针对学生。

一、一般分析

文化是群体成员长期共有的包含信念、观念、理想、态度在内的精神体系。如果一个成员长期置身于本群体的文化中,自然而然地就会受到教化,从而逐渐习得被集体认同的统一的信念、观念、理想、态度。跨文化传播(交际)学的奠基人、美国人类学家爱德华·霍尔曾论道:

> 普天之下,人的身体一望而知都具有人的共性,尽管皮肤颜色、毛发形态、相貌和体型之类的外表特征会有所不同,除非你动手改变它,人类普遍相同的外形将千秋万代维持原样。变化的、演化的、赋予人典型特

---

① 〔美〕埃德加·沙因. 组织文化与领导力:第4版[M]. 章凯,罗文豪,朱超威,等,译. 北京:中国人民大学出版社,2014:27.

征的,事实上是他置身其中的文化;无论他生在何方,赋予他特性的是他的文化,即总体的交流框架,包括他的语调、行为、体态、姿势、语气、表情,他处理时间、空间和物质材料的方式,以及他工作、游戏……的方式。①

爱德华·霍尔所称的"变化的、演化的、赋予人典型特征的,事实上是他置身其中的文化"对文化的教化功能一语道破——"赋予人典型特征",即以文化人。张楚廷也指出,"文化是文而化之,其核心是以文化人"②。

"在人类史上,成熟的教育是与成熟的文化联系在一起的。"③有史以来,文化就是育人的重要手段,育人是文化的内在功能之一。在一定意义上,"教育的本质是通过文化使个体社会化的活动"④。

在我国古代典籍中,"文"与"化"并联使用,最早出现在《易经》中。《易经》贲卦的象辞上讲:"刚柔交错,天文也;文明以止,人文也。观乎天文以察时变,观乎人文以化成天下。"后来又有"设神理以景俗,敷文化以柔远"的说法。这些古语中都内含着文化的"化成"意蕴。而英文中的文化"culture",其含义也经历了"耕种—对树木禾苗的培养—对人类心灵、知识、情操、风尚的化育"的演进过程。由此可见,东西方文化异曲同工,都强调文化的"化成"功能。⑤ 而人是具有可塑性的,从而使"化成"由可能变为现实——"大多数人由于其天赋的巨大可塑性,而被塑造成了他们文化所要求的那种形式"⑥。

深入地看,"文是着重于精神、思想、观念一类无形的内容"⑦。它对人的"化成"往往是潜移默化的,正所谓"润物细无声",而一旦"化成",其效果又是深刻而持久的,这就是"化"的最实在体现。汉·戴德《大戴礼记》里讲:"与君子游,苾乎如入兰芷之室,久而不闻,则与之化矣。"《孔子家语·六本》也讲:"与善人居,如入芝兰之室,久而不闻其香,即与之化矣。"由此可见"化"之功效!而"化"之功效,终归要体现在"成"上。"化成"意味着人的身心有增进,有改观,甚至有很大的乃至

---

① 〔美〕爱德华·霍尔. 超越文化[M]. 何道宽,译. 北京:北京大学出版社,2010:40.

② 张楚廷. 论大学文化[J]. 铜仁学院学报,2018,20(7):37.

③ 张楚廷. 院校论[M]. 重庆:西南师范大学出版社,2015:76.

④ 王冀生. 现代大学文化学[M]. 北京:北京大学出版社,2002:3.

⑤ 申作青. 当代大学文化论[M]. 杭州:浙江大学出版社,2006:204.

⑥ 〔美〕鲁思·本尼迪克特. 文化模式[M]. 张燕,等,译. 杭州:浙江人民出版社,1987:241.

⑦ 张楚廷. 论文化立校[J]. 大学教育科学,2012(2):107.

彻头彻尾的改变，最终"陶铸"出"新民"①。

二、具体分析

以上是对文化的一般分析。无论何种类型的文化，无论什么组织的文化，都具有此教化功能。接下来要结合本书主题论说，也就是要谈及学院文化的教化功能。

"富有影响力的学院文化将会使教师变得更好，也会使学生变得更智慧。"②因此，需要首先予以交代的是，学院文化的教化功能实际上是面向所有学院成员的，包括师生员工③，乃至更大范围的"学院人"④，但这里主要论及对学生的教化。

（一）教化的必要

"在世界上，人是一切的出发点。"⑤大学，作为"国之重器"，肩负着培养高层次专门人才的重任。这里的"高层次"，不仅指智识方面，也指情操方面。对此，张楚廷论说得好："大学之大何谓？大学是做大学问的，大学是让人有大发现的，大学是让人更高大的，否则，大学便愧对了大学之大。"⑥"大学的使命是使每一个学生、每一位教师成为'大我'，一个关心科学命运、关心国家命运、关心人类命运和自己

---

① "陶铸"出自："我相信全部中国文化是一个整体（至少其各部门各方面相连贯）。它为中国人所享用，亦出于中国人之所创造，复转而陶铸了中国人。"（梁漱溟. 中国文化要义［M］. 2 版. 上海：上海人民出版社，2011：29. ）。"新民"出自《大学》："大学之道，在明明德，在亲民，在止于至善。"此处"亲"同"新"，有革新、图新之意。"亲民"，就是使人弃旧图新，去恶从善。

② 郭英剑. 学院文化为何如此重要［N］. 中国科学报，2018-08-07（7）.

③ 对于学院文化对教师所能产生的影响，经济学家萧灼基的话足以表达："我 1959 年研究生毕业，来到北大经济系（经济学院）工作，至今已经 50 多年。现在虽然退休在家，我还时刻关心北大的发展，关注经济学院的进步。回首往事，历历在目，终生难忘。北大老一辈学者严谨亲和的作风，使我受益良多；北大学子勇于创新、敢于担当的精神，对我感触很深；北大兼容并包、自由民主的传统，对我影响深远。"萧灼基. 一生从教情未了［G］//北京大学经济学院. 百年华章：北京大学经济学院（系）100 周年纪念文集. 北京：北京大学出版社，2012：47.

④ 学院人（或曰学院成员），涵盖范围可窄可宽——窄的话，仅指在学院工作着（包括工作过）的教职员工；宽的话，则包含在读的学生；更宽的话，就可以包括校友（院友）乃至其他与学院有着（或有过）或长久或短暂、或紧密或松散联系的所有人员。

⑤ 张楚廷. 院校论［M］. 重庆：西南师范大学出版社，2015：67.

⑥ 张楚廷. 高等教育哲学［M］. 长沙：湖南教育出版社，2004：194.

命运的'大我'。"①总之,大学的意义在于让"每一个人都可以感觉到自己被召唤成为最伟大的人"②。而没有文化的熏陶、滋养,怎有可能"被召唤成为最伟大的人"?!

(二)教化的可能

"文化的基本功能在于武装人、引导人、塑造人、鼓舞人,亦即培育人。……人是文化的创造者,也是文化的创造物。大学就是通过文化培养人、'创造'人的。"③因此,文化,无论是大学文化,还是学院文化,是能够助力于"最伟大的人"的养成的。反过来说,"最伟大的人"的养成是离不开文化的。这是因为,"文是一个很高雅的字眼"④——"'文'字作为名词,表示精神,表示美好,也表示修炼中形成的高雅"⑤,"意味着文雅、文明,意味着积极向上的精神"⑥。而"文雅""文明""积极向上的精神",正是"最伟大的人"的典型表征。

如果照应到本书所认为的"人是理性与感性的集合体"以及所主张的文化包含着理性与感性两种成分,就更能显示出大学文化、学院文化之于养成"最伟大的人"所起的不可取代的特别功效。

对于"人是理性与感性的集合体",张楚廷所说的"有了理性,人将为人;没了非理性,人将不人"⑦一针见血! 在此基础上,他更进一步指出:

> 人的心灵虽是可以容纳理性的,这种可容纳性亦乃人的根本之一,但决非只有理性的一面,人的心灵深处有理性达之不及的地方。……如果在理性训练上取得进展的同时削弱了人宝贵的非理性品格,严重时,那将不是"人之成为人"的结局,而是"人将不人"的结果。大学教育的理想,是使人的理性与非理性面都高度(当然又指健康意义下的)发展,并使之形成良好的结构,使之成为一个高水平的统一体。⑧

---

① 张楚廷. 高等教育哲学[M]. 长沙:湖南教育出版社,2004:194-195.
② 〔德〕雅斯贝尔斯. 教育是什么[M]. 邹进,译. 北京:生活·读书·新知三联书店,1991:147.
③ 袁贵仁. 加强大学文化研究推进大学文化建设[J]. 中国大学教学,2002(10):4.
④ 张楚廷. 论文化立校[J]. 大学教育科学,2012(2):107.
⑤ 张楚廷. 人论[M]. 重庆:西南师范大学出版社,2015:183.
⑥ 张楚廷. 人论[M]. 重庆:西南师范大学出版社,2015:186.
⑦ 张楚廷. 高等教育哲学[M]. 长沙:湖南教育出版社,2004:343-344. 此处"非理性"即感性.
⑧ 张楚廷. 高等教育哲学[M]. 长沙:湖南教育出版社,2004:343.

学生的"理性与非理性面"(即理性与感性)都高度发展——"成为一个高水平的统一体",是大学教育的美好理想,也是人才培养的终极目标。为实现这一美好理想、达到这一终极目标,同样蕴含着理性与感性的大学文化、学院文化就是不可或缺的,且是能够胜任的,这是基于人的可发展性所做出的判断。

文化的教化功能何以实现? 究其根本,在于人的可发展性。而人的可发展性来自可受授性与可暗示性。

可受授性指的是,"学生在与外界的交流中使自己获得信息,这个'外界'以多种方式,以显性的形式,向学生传递(授予),而学生接受它"①。人的可发展性,除了以可受授性做基础之外,同时也离不开可暗示性。

那么,什么是可暗示性? 它与可受授性有什么关系? 张楚廷对此做过专门论析:

> 可暗示性与可受授性也是同一过程的两方面,后者指的是主体接受外界以显性的方式传递的信息,前者则指的是主体接受外界以隐性的方式传递的信息。这是人的可发展性的更了不起的一个方面,人是可接受暗示的(即可暗示性)。……暗示者是谁呢? 他既可以是人,它又可以是环境(自然环境,文化环境,艺术环境,观念环境……);可以是悠扬的旋律,也可以是弦外之音。环境因此可成为"教师"。②

总之,大学文化、学院文化正是基于学生的可发展性——可受授性与可暗示性,以显性与隐性(特别是隐性)两种渠道、形式,影响"大学人人格的不断完善、对人类真善美不断地向往与追求,促进大学人全面、自由、充分、和谐发展"③的。

特别值得一提的是,如果大学文化、学院文化发育良好、承继长久的话,就可以化成校风、院风,发挥更大的作用,正如"风的自然特点是无形的、飘动的、渗透的,它能吹拂到四面八方。人间的风有它的社会性一面,却如自然风一样无形、飘动、渗透,亦能吹拂到各方"④。譬如,"学校的学风,主要是观念的形成,在持久的聚集中形成巨大的能量,并不断扩散"⑤。正是在此意义上,可以说,校风、院风(包

---

① 张楚廷. 高等教育哲学[M]. 长沙:湖南教育出版社,2004:418.
② 张楚廷. 高等教育哲学[M]. 长沙:湖南教育出版社,2004:419.
③ 韩延明. 强化大学文化育人功能[J]. 教育研究,2009(4):90.
④ 张楚廷. 院校论[M]. 重庆:西南师范大学出版社,2015:87.
⑤ 张楚廷. 院校论[M]. 重庆:西南师范大学出版社,2015:87.

括学风)"是学校最宝贵的东西""是一所大学区别于其他大学最根本的东西""也是引导学生成长的最珍贵的教育资源"①。

(三)教化的特点

在育人方面,大学文化、学院文化所起的作用类似于课程,或者说它们本来就是课程——如果从宽泛意义上来理解的话。

张楚廷就持此观点,在他看来,"学生在学校习得之一切文化皆可称为课程。事实更重要:学生是通过在学校按一切方式习得之一切文化成长的"②。其中的"一切文化",既包括一般性课程里的文化知识,又包含大学文化、学院文化。为了说明得更透彻、更深刻,他还以在文化中常被忽视的学校领导及管理人员所起的课程作用为例:

> 大学文化等同于大学课程。那些不讲课的校长也在课程之中吗?事实上,校长的信念、理想、追求、态度、风格等都将实际地构成课程。大学校长就是一部教科书。特殊的校长,就是一些特殊的教科书;气质非凡的校长,就是一部非凡的教科书。……中外史上都有过那种产生强大磁力的校长,他所体现的文化可以传递到每位师生心中。
>
> ……学校里的行政机关,学校里的管理人员,他们也在课程之中。……一所大学的行政机构也能体现出他们的文化。他们崇尚什么,他们看重什么,他们最珍惜的是什么,这些方面不也构成学校的一道风景线吗?学校行政机构里也有文化,也有可以通过不同渠道传递到学校四面八方的文化,因而,学校行政机构也在课程之中。③

---

① 张楚廷.院校论[M].重庆:西南师范大学出版社,2015:89.
② 张楚廷.论学校观念[J].云梦学刊,1997(1):45.
③ 张楚廷.院校论[M].重庆:西南师范大学出版社,2015:79.

结　语

"文化科学是年轻的但充满希望。它必将会发出
非凡的光彩——要是这门研究课题继续其悠久的历程
的话：向前，再向前。"①

---

① 〔美〕莱斯利·A. 怀特. 文化科学——人和文明的研究[M]. 曹锦清，等，译. 杭州：浙江人民
出版社，1988：375.

一、基本观点

文化是群体成员长期共有的精神体系。相应地,学院文化是学院成员长期共有的精神体系。其中,"精神体系"(信念、观念、理想、态度等)是文化的主要内涵,"长期共有"则是文化的根本属性。

文化中,信念、观念属于理性范畴;理想、态度属于感性范畴。理性,是指人在待人、处事、接物中表现出的遵守规范、遵照规律的有关"逻辑"之"真"的根植着科技思维的人性特质。它属于智商范畴,关涉事实层面的真或假问题(是什么),处于有意识状态,偏重"理""认知""理智""规矩""道理"(科技范畴之"道"),尊崇客观规律性,讲求必然(一定会),从而与做成事情所需的"智""才""判断力""聪明劲"以及方向、方法有关。在组织层面上,理性最终体现为路线、方针、政策等。感性,是指人在待人、处事、接物中表现出的成就心愿、追求意义的有关"伦理"之"善"的洋溢着人文气息的人性特质。它属于情商范畴,关涉价值层面的对或错问题(应如何),处于无意识状态,偏重"情""情感""感情""性情""德行"(人文范畴之"德"),尊崇主观能动性,讲求必须(一定要),从而与做成事情所需的"仁""德""事业心""精气神"以及动力、能力有关。在组织层面上,感性最终体现为氛围、风气、干劲等。

在文化之精神体系中,信念与理想居于内核,观念与态度处于外围(尽管它们位于内、外,却构成一种上、下关系——信念与理想根植于观念与态度中,又统摄着观念与态度)。

作为学院人长期共有的精神体系,学院文化除了包含学院作为一般性组织而应具备的一些信念、观念、理想、态度方面的基本要素以外,还应具备学术性组织所特有的关于"学术及学术工作"(学术的地位、学术工作如何开展)、"学者及其作为"(学者的地位、学者如何作为)、"学生及其发展"(学生的地位、如何促进学生发展、学生如何表现)的一些特别要素。

符号与行为是文化的主要表达途径。其中,符号主要由语言(特别是语音与文字)及图标、色彩等其他符号组成。

品质与强度是学院文化的两个重要性能指标。品质可细分为符合性(符合实际、符合规律、符合道德),结合性(理想与信念结合、态度与观念结合),契合性(信念与观念契合、理想与态度契合)三个参数;强度可细分出一致性(共有)、一贯性(长期)、一统性(相当规模及稳定、亲近、团结)三个参数。

学院文化具备生活功能、管理功能、教化功能等多种功能——有的功能是学院成员内在—主动需要（即"我需要"）的，有的则是外在—被动施予（即"需要我"）的；有的是专门（或主要）针对教职员工的，有的是专门（或主要）针对学生的，有的则是针对包括教职员工、学生等在内的所有学院成员的。其中，生活功能系内在—主动需要功能，既针对教职员工又针对学生；管理功能系外在—被动施予功能，主要针对教职员工，发挥着廓清—指引、提振—鼓舞、陶染—贴近、照常—安适等功能；教化功能系外在—被动施予功能，主要针对学生。

二、主要特色

本书最大的特色是，在研究内容上，主要从组织文化的角度来解释文化及学院文化，从而偏重其管理功能，特别是对教职员工的管理。另外，在研究及写作手法上，至少还有以下两点特别之处。

第一，深挖细剖。本书在首章即开宗明义地提出，学院文化是学院成员长期共有的精神体系。之后将精神体系进行了分拆，指出它主要由信念、观念、理想、态度等构成。在第二章中，首先将信念、观念、理想、态度横向分置于理性与感性两个范畴内；接着又做了纵向分析：信念与理想居于内核，观念与态度处于外围；最后又往深处挖掘，指明：学院文化除了包含学院作为一般性组织而应具备的一些信念、观念、理想、态度方面的基本要素以外，还应具备学术性组织所特有的一些特别要素；并且，还进一步扩展提及文化的表达问题，着重分析了语音与文字这两条表达途径。在第三章将学院文化剖分出品质与强度这两个性能指标，并进一步细分出符合性、结合性、契合性、一致性、一贯性、一统性等参数。在第四章将学院文化划分出生活功能、管理功能、教化功能三种功能，并在指明有的功能是内在—主动需要的，有的功能是外在—被动施予的；有的是专门（或主要）针对教职员工的，有的是专门（或主要）针对学生的，有的则是针对所有学院成员的基础上，让三种功能各就其位。

经过以上深挖细剖，本书自然也就有了若干创新之处：一是对文化做出了一个最为简练的界定——文化是群体成员长期共有的精神体系；二是对文化成分做出了理性（信念、观念等）与感性（理想、态度等）的界分；三是针对文化之"长期""共有""精神""体系"等实质，给出了衡量文化性能的六个参数，即"三'合'三'一'"；四是顺承如上性能，发掘出文化的三大功能，特别是体现了成员的内在—主动需要生活功能。四个创新之处分别——对应着第一章、第二章、第三章、第四章。这也就表明各章均有创新,因为每一章均是一个创新点。

第二,广征博引。一是征引若干言论。为求得论述的严密而丰富,本书引用了文化、组织文化(包括企业文化)、学院发展、大学发展等研究领域里的较多有代表性的思想观点,或作为根据,或给予印证,或予以强调,或加以拓展——文化方面,以引用莱斯利·A.怀特的理论居多;组织文化方面,以引用埃德加·沙因的理论居多;学院发展方面,以引用钱颖一的理论居多;大学发展方面,以引用张楚廷的理论居多;至于总体上,则是引用张楚廷的理论最多①。诸君若端看本书,能有"巍巍高楼,珠光闪烁"感觉的话,那全赖笔者当了一回"建筑师",善于做工用料,狠借了诸位专家学者的光芒而已!于我,幸甚幸甚!

二是征引诸多史实。"没有调查,没有发言权。"只有以事实说话,理论才有说服力、生命力。为充分说明、证明所提观点,也为了形象、生动进而增强阅读时的体验性、现场感,本书注重史论结合,举了较多实例,如"绪论"中涉及的北京体育大学管理学院、河南理工大学材料科学与工程学院、杨凌职业技术学院经济与贸易学院、西南联大外文系、云南民族大学职业技术学院、江西师范大学国际教育学院、常州轻工职业技术学院旅游系、山西经贸职业学院财会系的院系文化建设实况;再如"附录"中所列的中山大学法学院、华中科技大学教育科学研究院、郑州大学教育学院、哈尔滨工程大学软件学院、浙江师范大学经济与管理学院、浙江农林大学理学院、浙江大学公共管理学院、中山大学国际金融学院、华南农业大学经济管理学院的院训、院标;还有正文提及的北京大学中国教育财政科学研究所、武汉大学测绘学院、华中科技大学新闻与信息传播学院、中国农业大学国际学院、河南大学哲学与公共管理学院、河南大学经济学院、聊城大学教育科学学院、山东财经大学管理科学与工程学院、常州大学石油工程学院、福建工程学院法学院、中国人民大学外国语学院、中国人民大学商学院、清华大学新闻与传播学院、中国人民大学经济学院、中山大学管理学院、南京大学商学院等,特别是正文中较为详细介绍的北京师范大学哲学与社会学学院、哈尔滨工业大学电气工程与自动化学院、东南大学建筑学院、北京大学工学院、浙江大学光电科学与工程学院、清华大学航天

---

① 曾担任过湖南师范大学、湖南涉外经济学院两所大学校长的张楚廷不仅是学问大家,也是"实战"专家——他老人家曾诙谐地评价自己:"我管理过两所大学,管理得怎么样,办得如何呢?不能说全好,但也很难说全不好。试想,不要说我管得很差劲,就是管理得不很差却也平平庸庸,恐怕上上下下、左左右右都不会让我在那个岗位上连续待上18年,连续待8年也不会允许。"张楚廷. 张楚廷教育文集:第11卷[M]. 长沙:湖南人民出版社,2012:序1-2.

航空学院、北京大学—林肯研究院城市发展与土地政策研究中心等；尤其浓墨重彩地介绍了清华大学经济管理学院、北京大学经济学院、浙江大学教育学院、东北师范大学历史文化学院，其中清华大学经济管理学院尤甚——主要是缘于该院特别重视学院文化建设且行之有效、成果丰硕。①

---

① 如该院在 2016—2018 年战略规划中就将文化建设列为三项重点工作之一。特别值得一提的是，2017 年，清华大学经济管理学院学院文化建设推出了多项举措和系列活动，取得众多进展。其中的"学院核心价值日"是一大亮点。再如，在近几年该学院的年度总结大会上，院长所作的"院情报告"，除了要提学院大事、顾问委员会、教书育人、教师与科研、学子、校友等方面外，总会有学院文化部分，可见对学院文化建设的重视程度之高。

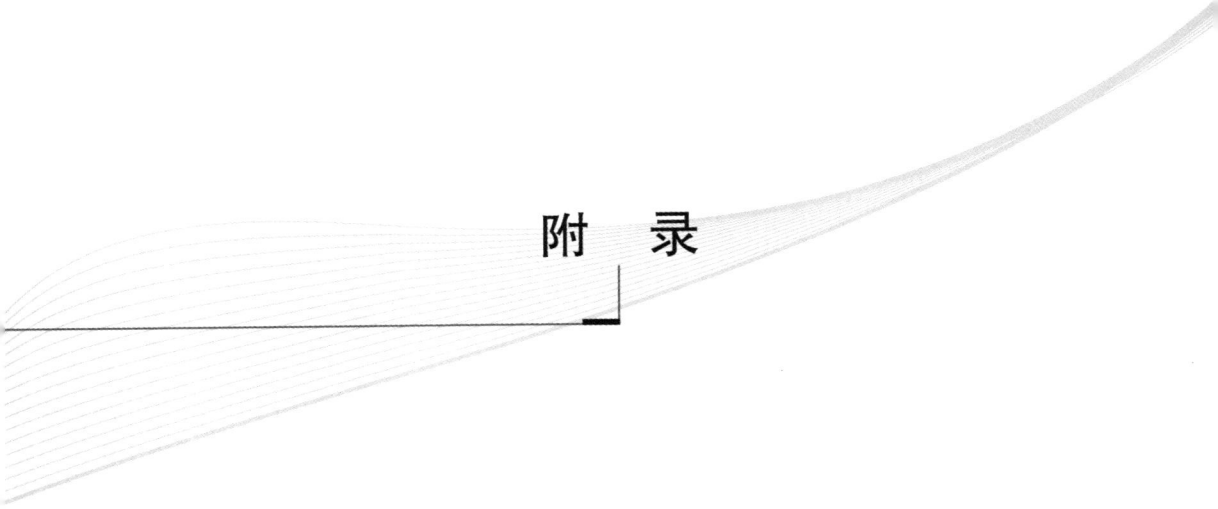

附　录

附录一　清华大学经济管理学院文化架构^①

使命：创造知识　培育领袖　贡献中国　影响世界
愿望：成为世界一流的经济管理学院
核心价值：正直诚实　敬业尽责　尊重宽容

附录二　首届"清华经管学院核心价值日"
活动举行^②

　　2018 年 1 月 11 日,首届"清华经管学院核心价值日"活动举行。学院教职员工及学生共 130 人参加了本次活动。清华大学原党委副书记胡显章教授做主题发言,麦肯锡全球合伙人王平做了主题分享。清华经管学院院长钱颖一出席并致辞。活动由清华经管学院党委书记高建教授主持。

　　钱颖一院长在致辞中说,在学院的 2016—2018 三年战略规划中,文化建设是三项重点工作之一。刚刚过去的 2017 年,是学院文化建设取得众多进展的一年,

---

①　对应本书所提"学院文化是学院成员长期共有的精神体系"及该精神体系"由一套信念、观念、理想、态度构成"这一思想,清华大学经济管理学院文化中,"使命"即观念(关于"做什么":清华经管人一致且一贯认为应将"创造知识、培育领袖、贡献中国、影响世界"作为自己的责任担当),"愿望"即理想、信念(关于"做到什么程度":清华经管学院一定要、一定能"成为世界一流的经济管理学院"),"核心价值"即态度(关于"怎么做":清华经管人对己、对事、对人应正直诚实、敬业尽责、尊重宽容)。其中,关于"核心价值",清华经管学院时任院长钱颖一诠释道:"经过半年多的讨论,在 2014 年 5 月确定了学院的核心价值。这是学院作为一个社区的核心价值。它非常简单,但是很务实。它包括三方面:对己、对事、对人,相对应的是:正直诚实、敬业尽责、尊重宽容。"钱颖一. 大学的改革:第二卷[M]. 北京:中信出版社,2017:94.

②　清华大学经济管理学院. 首届"清华经管学院核心价值日"活动举行[EB/OL]. http://www.sem.tsinghua.edu.cn/news/xyywcn/10257.html.

推出了多项举措和系列活动。今天首次举办的学院核心价值日,是学院文化建设中的又一个亮点。

之后,胡显章教授围绕"清华精神与优良传统"做了主题发言。他指出,清华的精神文化主要体现在明耻图强的爱国奉献精神、严谨务实的科学求真精神、海纳百川的包容会通精神以及人文日新的追求卓越精神四个方面,并以生动的实例为在场师生讲解历代清华人是如何形成、继承和发扬清华精神和优良传统的。胡显章教授说,清华人在建校之初,就把自己的精神世界与中华民族的精神世界融合在一起,而清华经管学院"正直诚实、敬业尽责、尊重宽容"的核心价值,与"自强不息、厚德载物"的精神乃至社会主义核心价值观有着内在的一致性。

麦肯锡全球合伙人王平(经硕 1998)以"组织健康与文化建设"为题,分享了麦肯锡公司的使命与价值观,并展示了麦肯锡在针对组织健康与文化建设方面的实践认识和研究成果。

嘉宾发言后,进入活动的实践环节。现场教职员工及学生分为十二组,首先以"合作建塔"为目标进行团队建设,随后每个小组用四十分钟时间对学院核心价值——"正直诚实、敬业尽责、尊重宽容"在具体工作中的体现进行探讨和交流,指出正确和错误的行为示范,并用小品、歌曲、诗朗诵等不同形式生动展现。

最后,高建教授在活动总结时说,好的文化会产生好的创造力和凝聚力,也会对日常工作产生更大的促进作用。通过参与学院核心价值日活动,全院教职员工及学生进一步理解、体会和践行了学院的核心价值。

附录三 清华大学经济管理学院教师行为准则[①]

(2014 年 5 月 19 日院务会通过,2014 年 7 月 14 日院务会修订)

前 言

清华大学经济管理学院教师(以下简称"教师")应恪守中国法律法规和清华大学(以下简称"学校")和清华大学经济管理学院(以下简称"学院")各项规章制度。教师应坚持自身修养,建立并维护个人正直品格。教师应爱岗敬业,尊重学

---

① 钱颖一. 大学的改革:第二卷[M]. 北京:中信出版社,2017:482-487.

生和同事,合作互助,专注于教学、学术和服务。在与社会各界的交流中,教师应恪守行为规范,维护学校和学院形象。教师不应以性别、年龄、种族、信仰、国籍、财富或者工作为由歧视他人,不应使用辱虐性质的言辞,不应以不当方式与他人发生肢体冲突。

本准则在征求全院教师意见的基础上,由院务会于 2014 年 5 月 19 日通过并颁布实行。

第一部分 学院核心价值

正直诚实(对己)

敬业尽责(对事)

尊重宽容(对人)

第二部分 行为准则内容

一、教学与学生关系

教师应:

1)认真教学,完成学院要求的授课工作量。

2)尊重学生学习的权利。

3)尊重学习的多样化背景,平等对待每一位学生。

4)关注学生的未来发展。

教师不应:

1)以不正当理由推脱学院或系安排的正常教学工作。

2)伤害、侮辱或者戏谑学生。

3)以任何途径或方式发布或传播学生私人信息,或未经证实的传言。

4)在成绩上照顾有特殊关系的学生,比如助教或指导的学生等。

5)收受学生现金和贵重礼品的赠予。

6)与有授课或指导等利益相关的学生建立超越师生关系之外的关系,包括恋爱关系或经济关系。

二、学术与研究

教师应:

1)忠诚于学术,有效地参加学校、学院以及所在系组织的学术活动。

2)保持学术研究的客观性与独立性,应披露所受研究资金的来源。

3)对负责或参与的研究项目投入相应的时间与精力,确保项目的顺利进行与完结。

4)规范地使用科研经费。

5)在向媒体和公众发布与学术和研究相关的言论时,采用负责任的态度。

教师不应:

1)从事抄袭、剽窃、伪造科研数据等学术造假活动。

2)利用自身影响力而非贡献要求他人在其文章或著作中添加作者名字或改变作者顺序。

3)在文章或著作中添加没有贡献的"作者"。

4)使学术的客观性和公正性受到研究资金来源的影响。

三、教师服务

教师应:积极承担学院内服务工作,并负责任地完成相应的服务工作量要求。

教师不应:

1)以不正当理由推脱学院或者系安排的正常服务工作。

2)利用服务工作给予的便利谋求个人利益。

四、教师同事关系

教师应:尊重教师同事,促进教师之间的合作与互助,积极参与系和学院组织的教师活动。

教师不应:

1)诋毁其他教师的人格、学术水平、教学水平和服务工作。

2)以不恰当的方式散播其他教师评定长聘或职称以及学术水平的意见。

3)在不适当的场合向教师或学生负面评价其他教师的学术水平、教学水平和服务工作。

4)就评定长聘或职称事宜威胁学院内其他教师。

5)在言语上及肢体上与学院教师同事发生冲撞。

6)恶意发布或传播与学院教师同事相关的信息。

7)发布或传播有关教师同事的个人隐私信息。

五、职员同事关系

教师应:尊重职员同事以及职员在行政工作中的重要性和权威性,支持和配合他们完成相关工作。

教师不应：

1）在言语上及肢体上与学院职员同事发生冲撞。

2）恶意发布或传播与学院职员同事相关的信息。

3）发布或传播有关职员同事的个人隐私信息。

六、与学院和学校的关系

教师应：恪守学院及学校各项规章制度，并积极参与院校活动。在个人利益与学院利益有矛盾时，应向学院申请，并执行相应决定。

七、社会交流

教师应：言行举止符合学校和学院价值观的要求，维护学校和学院的社会形象。

教师不应：

1）参与有辱学院、学校声誉的组织或活动。

2）未经允许以学院或学校的名义承接项目，以及在未向学院报备的情况下，参与与学院有竞争关系的教学或推广活动。

3）以任何途径或方式——包括微信、微博、博客等电子方式——向媒体和公众发布和散布未经证实的与学校、学院相关的言论或有损学校和学院声誉的不实言论。

八、其他相关领域

教师应：

1）维护自身职业形象并尊重他人。

2）遵守学校与学院信息披露的相关规定。未经正式许可，不得向外透露学院的各类文件、正在讨论的内容、学术及教学文档。

教师不应：

1）为私人用途占用学院设备、财务。

2）以直接或隐晦的语言或行为对他人进行骚扰。

第三部分　实行规则

违反上述准则的行为将按以下方式进行处理。

1. 处罚

包括以下三种。

1）劝诫：对尚未但即将做出或者进行中的违规行为予以及时的口头或书面劝

告,以期阻止该违规的发生或继续进行。

2)警告:对于已经发生且情节较重的违背本准则行为予以及时的书面批评和警告。当事人应当予以及时改正。

3)通报批评:对已经产生严重不良影响的违规行为进行通报批评处理。

教师行为准则委员会主席代表委员会执行劝诫、警告、通报批评。

2.申诉程序

教师如果对处罚有不同意见,可向教师行为准则委员会提出申诉,教师行为准则委员会应做出裁定。

教师如对申诉结果不满意,可以进一步向院务会提出申诉,由院务会做出裁定。

3.进一步处理

对于涉及违反法律法规和学校相关规定的行为,教师行为准则委员会应提请相应机构处理。

第四部分　委员会组成、职责与任期

1.组成

教师行为准则委员会组成人数应为奇数,不少于五人,其中一位成员担任主席。委员会成员和主席由院长和书记提名,院务会任命。

2.任期

教师行为准则委员会成员任期两年,可以连任,最多连任一届。

3.职责

1)教师行为准则委员会向院务会负责,向院长汇报。

2)教师行为准则委员会负责制定、解释、修订教师行为准则。

3)教师行为准则委员会负责对可能的违规行为进行调查、讨论、执行处罚,根据需要向院务会提出处理建议。

4)教师行为准则委员会负责定期组织教师参加相关在线培训。

第五部分　相关资源

1.相关机构

清华大学学术委员会

经管学院教师人事办公室

经管学院工会

经管学院教代组

经管学院教师行为准则委员会

2. 在线培训资源

即将发布

3. 相关大学政策

《清华大学经济管理学院教师手册》

《清华大学教师学术道德守则（试行）》

《清华大学教职工规章制度选编》

附录四　学院院训示例

（一）中山大学法学院

院训：明德笃志　崇法守正

【释义】"明德"出自《大学》："大学之道，在明明德，在亲民，在止于至善。"

"笃志"出自《论语·子张》："子夏曰：'博学而笃志，切问而近思，仁在其中矣。'"指专心致志，立志不变，坚守自己的志向。

"崇法"即崇尚、尊重法律的意思。

"守正"出自《史记·礼书》："循法守正者见侮於世，奢溢僭差者谓之显荣。"有恪守正道之意。①

（二）华中科技大学教育科学研究院

院训：博学笃行　立己达人

【释义】"博学笃行"出自《中庸》："博学之，审问之，明辨之，慎思之，笃行之。"这里取头尾，表示治学的全过程，强调知行合一。

"立己达人"出自《论语·雍也》："己欲立而立人，己欲达而达人。"这里强调育人先育己，育己为育人，成人成己相统一。②

---

① 　中山大学法学院. 学院概况［EB/OL］. http://law.sysu.edu.cn/about.

② 　资料来自该院微信公众号。

（三）浙江师范大学经济与管理学院

院训:惟经惟济　尚德尚行

【释义】"惟经惟济"是整体发展思路与目标之概括。"惟"取专注于、致力于之意。"经"包含两层含义:一为经营商务,一为经略时务,分别对应学院专业中的经济与管理两大类别。"济"为目标,意为济世、济国、济民,此为学院的永恒追求。"尚德尚行"提出实现以上目标的路径与举措,不仅要崇尚道德,注重修养,还要强化实践,身体力行![1]

附录五　学院院标（院徽、标识）示例

（一）浙江大学教育学院

【院标释义】

(1)将教育"education"的首个英文字母"e"的大写字母"E"融入浙江大学校徽,体现了学院为学校的一部分。

(2)"E"尤似展开的书籍与向上的阶梯,与"求是鹰"结合,寓意教育培育英才,体现了学院的办学使命。

(3)"求是鹰"展翅欲飞,乘势而上,体现了学院开放办学的理念。

(4)图形只用蓝和白色两种,"教育学院"与"浙江大学"字体一致,简洁素雅。[2]

（二）浙江大学公共管理学院

【院徽释义】

(1)院徽以浙江大学的校徽为基础进行设计,体现了公共管理学院与学校的

---

[1]　浙江师范大学经济与管理学院. 学院概况[EB/OL]. http://sxy.zjnu.edu.cn/xybs/list.htm.

[2]　浙江大学教育学院. 学院概况[EB/OL]. http://www.ced.zju.edu.cn/xybs/list.htm.

一体性。

（2）在"求是鹰"图形中，嵌以鼎形轮廓作为主要的视觉识别符号。鼎者，国之重器也。用鼎来表征公共管理学院，突出学院厚德载物的属性，体现学院为政府等公共领域培养担当大任人才的办学责任，也与浙江大学已有的"求是鼎"相呼应。

（3）鼎的图形由两侧的人形图案和中间钥匙图案构成。人形图案寓意着学院的办学目标——以人为本、教书育人。钥匙图案寓意着开启知识的宝库，意味着学院努力成为政府和社会智库的责任担当。图形最中央、钥匙的头部是一个"公"字，是公共管理学院的简称，也是学院办学理念的集中体现，"天下为公""公共精神""公共领域"等都体现了一个"公"字。从整体上看，鼎形图案好似两个人相向而立，用双手搭成一个"公"字，掌握传承文明、开启社会民智的钥匙，突出体现了学院的办学理念。

（4）整个图形以蓝和红为主基调，蓝色博大，红色热情，冷暖色结合使标志更具视觉对比性，有助于记忆。①

（三）浙江大学传媒与国际文化学院

【标识寓意】

一个圆点是什么？

可能是一滴水，也可能是一盏灯

可能是一个原子，也可能是一个比特

可能是一个细胞，也可能是一个生命

可能是你，可能是我，也可能是我们大家

当两个点连在一起

---

① 浙江大学公共管理学院. 关于学院［EB/OL］. http://www. spa. zju. edu. cn/spachinese/13212/list. htm.

就变成了一条线
当无数个点连在一起
就变成了一张网
尽管,这些点大小不一,色彩各异
但汇聚在一起
就成为一个人类命运共同体

在这里
我们携手
探索数字时代人类传播新规律
描绘网络社会传媒发展新图景
在这里
连接你我,连接世界,连接未来①

(四)华中科技大学教育科学研究院

【院徽释义】

(1)院徽色调为绿色和灰色,源于"理论是灰色的,而生命之树常青",寓意教育科学研究院"理论联系实际,注重实践"的特色;此外,绿色也与"森林大学""十年树木、百年树人"相得益彰。

(2)院徽中间的图案由教育科学研究院的英文名 School of Education 的简称——大写字母"SE"构成,形似笔尖和展开的书本,寓示"将文章写在书本与绿色大地上"。(其中"S"同时也是"Science"首字母,彰显了学院"科学发展"的理念。)

(3)图案中间的"教"字,为"教育科学研究院"首字,选自涂又光先生手书"得天下英才而教育之,一乐也",蕴含学院的历史与人文氛围,也凸显中国特色。

(4)"1980"代表着学院诞生于 1980 年的高等教育研究室。

(5)院徽外围边框内左右各一朵梅花,梅花是武汉市市花,代表学院坐标,同

---

① 浙江大学传媒与国际文化学院. 学院概况[EB/OL]. http://www.cmic.zju.edu.cn/35537/list.htm.

时也象征学院师生"梅花香自苦寒来"的精神。

（五）中山大学法学院

【院徽释义】

整体上还原中山大学牌坊及珠江流水的校园布局。"法"字变形构成的流水图案寓意中山大学法学院历史悠久、源远流长;同时流水之平缓清澈寓意法度公平如水。①

（六）中山大学国际金融学院

【院徽释义】

（1）院徽是学校与学院中英文的有机结合,以国际金融学院英文缩写 ISBF 为核心元素,以中山大学的英文缩写 SYSU 为根基,意喻学院植根于中山大学深厚的学术底蕴。

（2）院徽形似中国的拱桥,古典稳固的拱桥形象贴切地体现了学院重视沟通、强调合作的特色。同时,院徽的弧线与矩形交叉部分形似地平线,"ISBF"从地平线升腾而起,体现了一种向上的气势,展示了学院教育融会中西、走向世界的长远愿景。

（3）院徽的颜色设计体现了学院的独特气质。深绿色源于中山大学校徽标准色,代表朝气、萌生与希望,象征学院积极创新的风格。深蓝色代表浩瀚苍穹,期

---

① 中山大学法学院. 学院概况[EB/OL]. http://law.sysu.edu.cn/about.

望学子拥有博大的胸襟以及开阔的视野。①

(七)浙江师范大学经济与管理学院

【院标释义】

整体形态是刀币和铎的组合。刀币是古代的流通货币,象征经济。铎,则是古代宣布政令的响器,《论语》记载"天下之无道也久矣,天将以夫子为木铎",因此后人称"老师"为"掌握木铎的人"。分开来看,上部分是一本摊开的书,下部分是"E"和"M"的拼接,"E"和"M"分别是经济(economics)和管理(management)的首字母大写。②

(八)华南农业大学经济管理学院

【院标释义】

E、M——经济学与管理学

绿色——生命力

蓝色——智慧与知识

黑色字——厚重、淳朴

白色底——正直、纯洁

由"E"和"M"组成的圆形——开放、凝聚、包容

像转动的风轮——创新、速度、效率

像浴火凤凰——圆满、新生③

---

① 中山大学国际金融学院. 学院概况[EB/OL]. http://isbf.sysu.edu.cn/cn/xygk/xygk06/index.htm.

② 浙江师范大学经济与管理学院. 学院概况[EB/OL]. http://sxy.zjnu.edu.cn/xybs/list.htm.

③ 华南农业大学经济管理学院. 学院概况[EB/OL]. https://cem.scau.edu.cn/5642/list.htm.

附录六　郑州大学教育学院吉祥物[①]

欣欣(心理学)
绿色基调,
心旷神怡,
欣欣向荣。

育儿(教育学)
培英育才,
指路明灯,
万里鹏程。

附录七　克拉克·克尔的"知识的道德规范"[②]

(1)仔细地收集和使用证据,包括在试图"弄虚作假"(falsification)的过程中寻找"不方便的事实"(inconvenient facts)。

(2)小心地(careful)使用他人的思想和著作。

(3)对于未经充分证明的事情持怀疑态度。

(4)虚心对待可供选择的解释。这种态度要求充分地、自由地表达;这种"学术自由"反过来要求容忍除自己的观点以外的其他观点。

(5)谈话有礼貌,依靠说服而不是依靠压制。

---

① 郑州大学教育学院. 学院概况[EB/OL]. http://www5.zzu.edu.cn/jyx/xygk/xywh.htm.

② KERR C. Higher Education Cannot Escape History:Issues for the Twenty-first Century[M]. Albany:State University of New York Press,1994:139-140. 也见〔美〕克拉克·克尔. 高等教育不能回避历史:21 世纪的问题[M]. 王承绪,译. 杭州:浙江教育出版社,2001:168-170.

(6)公开在大学内进行科研的成果。

(7)在评价别人的学术绩效时仅凭学术价值。

(8)在获取知识的过程中,小心、体谅地处理人和动物,不过分伤害他们。

(9)除非决策中的全部考虑已经成为研究的主题;除非已经不但考虑行动,而且还考虑可能的反应,要避免逗引和提出(drawing and advancing)政策的运用。学者们所为不应超出他们的知识。

(10)把建立在道德和政治价值观基础上的个人评价与提出证据和分析分开。而且,作为必然的结果,任何个人评价都要直截了当。

(11)遵循约翰·罗尔斯在《正义理论》(A Theory of Justice)中所界定的,而且也应用于除学术组织以外的其他组织的"公正分担"(fair share)的一般原则,"每当一个人已经自愿接受一个假如是公平和公正的(just and fair)机构所提供的计划(scheme)的好处,或者已经利用它所提供的机会以促进他的利益时,他有义务按照这个机构的规则所制定的职责尽自己的一份力量。……没有做我们所公正分担的事情,我们不应从别人的合作努力中获得东西"。

(12)拒绝利用可以得到的创造和传布知识的地位和方便,来达到无关的个人金钱或政治目的,或促成意识形态的信念。

(13)完全接受对学生的义务,忠诚地教育他们,仔细地指导他们,公正地评价他们,并且无论如何不剥削他们。

(14)完全接受对学术同事的义务,帮助他们,对其学术研究提供建议,特别要帮助年轻同事。

(15)在系科,完全接受义务,在同事中就年龄、学科专业(subject matter specialty)和分析方法寻求合理的平衡。

附录八　建设二级学院文化特色
提高校园文化建设品位[①]

2005 年第 6 期《高校思想政治工作》在专题讨论版块中,刊登以《建设二级学

---

① 湖州师范学院党委宣传部. 建设二级学院文化特色　提高校园文化建设品位[EB/OL]. http://www.zjhu.edu.cn/2005/1216/c67a4068/page.htm.

院文化特色 提高校园文化建设品位》为题的文章,报道我校二级学院文化建设成绩。全文如下。

　　湖州师范学院(简称"湖州师院")把校园文化建设纳入学校发展的总体规划,作为学校发展的重要内容和育人的主要途径,制定了《湖州师院校园文化建设发展纲要》,成立了校园文化建设指导委员会。今年上半年,实施二级学院文化建设,借助二级学院文化这个载体,以文化引力激发育人张力,实现环境育人的目的,推进校园文化建设,并已取得了初步成效。

一、顺应学校改革发展,建立二级文化平台,提升校园文化建设内涵

　　湖州师院的二级学院文化建设是从学校改革发展和校园文化育人功能的实际出发提出来的。近几年,学校办学规模不断扩大,使校园文化建设面对的困难更大、任务更重,主要表现为资源的利用不充分,师生的积极性发挥不充分,各二级学院结合专业特点真正形成自己的文化特色不明显。

　　湖州师院现有的十个二级学院,平均师生人数已有 1000 多人,而且每个学院基本已有相对独立的教学区域。2002 年实行的学院制改革逐渐成熟,教育资源的优化配置和管理重心下移也已基本实现。今年上半年,学校校园文化建设指导委员会研究了中共中央、国务院《关于加强和改进大学生思想政治教育的意见》及教育部、共青团中央关于《加强和改进高等学校校园文化建设的意见》精神,总结了《湖州师院校园文化建设发展纲要》实施以来校园文化建设的成效和问题,分析了学院制改革后二级管理的特点和优势,提出了校园文化二级建设的目标。校园文化的这一、二级管理建设体系,简单来说就是学校层面,主要是从健全机制、协调资源、保障投入入手,做好校园文化的目标规划、工作指导和业绩考核;二级学院层面,把二级学院文化作为校园文化的核心部分,二级学院要在校园文化建设的大环境下,结合专业特色,做出、做亮和做强自身的文化特色。

　　经校园文化建设指导委员会多次讨论修改后,湖州师院出台《二级学院文化建设工作实施意见》,对二级学院文化建设的总体要求、主要载体、保障机制等进行了明确要求。湖州师院二级学院文化建设的目标就是提升学校校园文化内涵、提高育人水平、落实科学发展观、建设和谐校园。其具体建设要求是紧紧围绕学校校园文化建设的总体要求和主要任务,以建设精神家园、培养人文素养为核心,以环境文化建设为突破口,以人文精神与科学精神培养为重点,以载体创新为抓手,以大学生综合素质全面提高为目标,努力培育良好的人文环境、学术环境、管理环境、自然环境和健康向上、个性鲜明、整体协调的文化氛围,大力营造崇尚科学、严谨求实、善于创造、具有时代精神和学院特色的良好校园风气。

二、鼓励师生共同参与,打造特色环境文化,提高二级学院文化品位

环境文化建设是二级学院文化建设最直观的表现因素。各二级学院在环境文化建设过程中,着力于学院人文环境专业特色的挖掘,充分利用学院教学实验场所、办公场所、门厅、走廊、庭院等空间,营造整洁美观、多样和谐、充满活力的学院内部环境,以学院环境文化折射和彰显学院文化特色。如信息工程学院根据自身专业特色,制作了电子显示屏;教科院提出建设"教工之家"与"党员之家";医学院提出设立"医学生誓言"宣传牌等。

师生员工是文化建设的主体,因此,各二级学院鼓励师生共同参与,充分利用校内资源与人才优势,在制定方案过程中注重理念与特色问题,在实际操作中注意处理好整体设计中的重点突出与分步到位、统一性与多样性两个关系。特别是二级学院院铭的确立过程就是各二级学院发扬民主、集思广益的过程,如人文学院、法商学院、外国语学院等就多次在全院教职工大会上征求意见,有的学院在学院内部广泛发动的基础上,还请校外专家帮助出谋划策,形成初步意见。暑期,各二级学院完成了院铭的征集、论证、确立、释义和宣传工作。法商学院的"崇德尚法,经世济民",外国语学院的"语通中外,文贯东西",信息工程学院的"引领信息,服务社会",医学院的"救疾恤患,慎独奉献",这些醒目的院铭所体现出来的专业特色和文化内涵给师生营造了独特的文化氛围。同时,这对营造浓郁的校园文化氛围、提升校园文化层次起到了推进作用。

三、突出文化育人功能,完善评价激励机制,增强二级学院文化建设实效

对校园文化的育人功能,高校已经形成了共识。对如何发掘这种育人功能并使之最大化,湖州师院在总结多年校园文化建设经验的基础

上，坚持以人为本理念，坚持贴近生活、贴近实际、贴近师生的原则，在率先建设好环境文化的前提下，现正把工作的侧重点放在学术文化和阵地文化的建设上。

学术文化是二级学院文化建设的重要内涵支撑。湖州师院以建立新"五导"机制为载体，来培育整体浓厚的二级学院学术文化氛围。建立"导论"机制：创设如"硕博论坛""民族文化论坛""地方文化论坛"等各二级学院专业论坛品牌，争取形成每月一次的系列讲座。建立"导研"机制：充分发挥导师制优势，对学生课外阅读、学术研究、论文撰写进行指导，编印相关的学生学术研究论文集，为学生的专业学习、成长成才服务。建立"导读"机制：重点扶持思想活跃、形式新颖、内容健康、特色鲜明的学生刊物，使之成为展示学生个性、发展自我的空间与舞台。建立"导做"机制：以教学实践为主，以社会实践为辅，着力提高学生的交往能力、动手能力、实际操作能力和社会适应能力。完善"导师"机制：培养一支职业道德好、学术水平高、学科构成合理的导师骨干队伍。

阵地文化是二级学院文化建设的基础和保障。各二级学院积极创造条件，加强和改善思想政治教育基地、专业实践实训基地、文体活动基地、学生公寓和学生社团等阵地建设，进一步拓展和深化课堂教学，引导和丰富二级学院文化。一是加强校园 BBS 管理，建设一支网上评论员骨干队伍，牢牢把握网络文化建设主动权，使网络成为校园文化建设的新阵地。二是进一步规范学生公寓管理制度，强化公寓文化中学生的自我教育、自我服务、自我管理功能，广泛开展学生公寓文化建设系列活动。三是坚持科学精神和人文精神的有机融合，坚持育人为本的基本原则，坚持多样化分类管理的方针，不断提高社团活动的质量和水平，吸引更多的学生参与社团活动。

四、突出文化互动功能，创新文化建设载体，提高二级学院文化建设水平

文化不可能是一种封闭的形态，垂直传承、横向辐射和交流互动是它的基本运行模式。二级学院文化要丰富内涵，提高创新力，一方面要加强自身建设，另一方面就是要借鉴和吸纳，在二级学院与二级学院之间、二级学院与学校之间、二级学院与地方社会之间形成文化互动。

强调二级学院文化特色，并不是提倡二级学院文化的独立性，而是在特色基础上的互补性。因此,湖州师院在二级学院文化建设过程中,将有意识地引导二级学院在学术文化和阵地文化活动中加强联系、联合,创新活动形式和内容,促进二级学院文化的自我更新能力,增进校园文化的繁荣。

整个校园文化与二级学院文化之间,是引导与被引导、包容与被包容的关系。二级学院在进行文化建设过程中,必须紧紧围绕学校校园文化建设的总体要求和主要任务来开展。校园文化建设指导委员会一方面要对校园文化建设经常进行分析、研究、部署和总结;另一方面,对各二级学院文化建设也要多指导、多督查,并建立完善的考核、评比和激励机制,来引导和鼓励二级学院文化的健康发展。

在积极推进学校与地方经济社会发展良性互动的实践中发现,师院与地方文化互动是宽泛的,决不能局限于某一个方面;文化互动模式是多种多样的,决不能局限于单一形式。特别是各二级学院,要增强主动性和积极性,牢固树立服务和合作意识,利用专业特点和优势,来承办学术会议,申报文化项目,开展文化实践等,不仅要提高文化互动的频率、范围和层次,更要着力提升文化互动的内涵,从实践活动的显层面向理论研究的深层面发展。在走出去的同时,还要通过多种渠道引进社会文化精品,充分调动和发挥校园文化的辐射功能,同时,注重高雅艺术进校园活动。

目前,湖州师院已基本完成二级学院环境文化建设,现正着力进行学术文化和阵地文化建设。校园文化网站也已开通试运行,文化网包括了校园文化动态、二级学院文化、校园文学、大学生活、学术信息、社团风采、文化艺苑、文化沙龙、文化书吧、文化视频等十几个二级栏目,全面反映学校校园文化建设的信息和动态,交流展示二级学院文化建设的经验和成果。下一步,学校将进一步完善评价激励机制,推进二级学院文化的育人功能和互动功能;加强理论研究,积极探索新形势下加强和改进二级学院文化建设的新思路、新举措。

附录九　湖州师范学院创新二级学院和谐文化建设①

由教育部主管、国家教育行政学院主办的《高教领导参考》2008 年第 8 期，在"校园文化"栏目中全文刊载了《湖州师范学院创新二级学院和谐文化建设》，全文如下。

2004 年以来，湖州师范学院深入贯彻中央 16 号文件精神，紧紧围绕建设综合性大学目标，在提升和推进校园文化建设过程中，始终坚持整体规划、逐步推进、协调发展要求，重点实施文化育人活动，着力创新二级学院文化，为建设一个健康和谐的精神家园，学校强化规划意识、创新意识，提出了二级学院文化建设理念，同时投入近 400 万元重点建设的沈行楣联艺术馆等一批校园文化精品工程，已经成为人文素质教育和爱国爱校教育的殿堂，使全校师生员工共建共享和谐校园文化。2005 年湖州师范学院荣获浙江省高校文化创新奖。

一、二级学院文化建设的构想与规划

我校以建设"精神家园、学习社区、生活乐园"为理念，以"师生共建、全员共享"为原则，以"学校统筹、二级创建"为模式，提出了二级学院文化建设的总体构想。

1. 二级学院文化建设的基本构想。我校作为一所合并升格的新建本科院校，非常重视校园文化建设在学校办学、教师发展、学生成才过程中的重要作用。2003 年，党委制定《校园文化建设发展纲要》，把校园文化纳入学校发展的总体规划，作为学校发展战略的重要内容。2004 年，成立校园文化建设指导委员会，由校党委书记挂帅、吸纳校内文化专家组成，统筹规划和指导校园文化建设。在连续开展了五次教育思想大讨论基础上，根据中央 16 号文件精神，学校调研出台《二级学院文化建设

① 湖州师范学院党委宣传部. 湖州师范学院创新二级学院和谐文化建设[EB/OL]. http://www.zjhu.edu.cn/2008/0505/c67a4210/page.htm.

工作实施意见》,明确提出了二级学院文化建设的基本构想。

我校二级学院文化建设体系的构建,学校层面,主要是从顶层设计、健全机制、协调资源、保障投入入手,做好校园文化的目标规划、工作指导和业绩考核;二级学院层面,把二级学院文化作为校园文化的核心部分,在校园文化建设的大环境下,结合专业特点,做亮和做强自身的文化特色。

2. 二级学院文化建设的目标任务。我校二级学院文化建设的目标就是提升学校校园文化内涵,提高育人水平,落实科学发展观,建设和谐校园。其具体建设要求是紧紧围绕学校校园文化建设的总体要求和主要任务,以建设精神家园、培养人文素养为核心,以环境文化建设为突破口,以人文精神与科学精神培养为重点,以载体创新为抓手,以大学生综合素质全面提高为目标,努力培育良好的人文环境、学术环境、管理环境、自然环境和健康向上、个性鲜明、整体协调的文化氛围,大力营造崇尚科学、严谨求实、善于创造、具有时代精神和学院特色的良好校园风气。

二、二级学院文化建设的创新与实践

从探讨酝酿、规划实施到总结提高,我校各二级学院在学校校园文化建设总体目标指导下,经过近三年的创新实践,已基本形成了符合自身专业特色、契合师生价值观念的二级学院文化,丰富和提升了我校校园文化的内涵。

1. 以精神文化为主线,提升二级学院文化建设层次。精神文化是校园文化的核心。在学校的引导下,各二级学院充分发挥师生员工的能动性和创造性,共同探讨师院精神及其价值,最终形成"艰苦创业、自强不息、和谐共进、奋发有为"的师院精神;组织师生参与校训征集活动,最终形成我校"明体达用"校训。在师院精神和校训引领下开展二级学院院铭征集活动,提炼各二级学院文化特色,如法商学院的"崇德尚法,经世济民",教育科学与技术学院的"崇仁精业",人文学院的"人文化成,通达求新",理学院的"格物致知,立业修身",生命科学学院的"物竞天择,传承励新",医学院的"救疾恤患,慎独奉献"。各二级学院不仅鼓励在校师生共同参与,还充分发动退休教师、校友等开座谈会论证。师生自觉参与共建活动,本身就是一个精神文化建设的过程,更是一次共认价值观念、凝心聚力的过程。

　　校风、教风、学风是精神文化的重要表现,也是精神文明建设的重要内容。二级学院结合迎接教育部本科评估、共产党员先进性教育等,广泛开展校风建设活动;在始业教育和毕业教育阶段安排参观校史馆、开展校友讲座等,传承发展师院精神。学校通过师德师风建设、首届学风建设会议等,建立教师和学生两个层面的评价激励机制,着力推进从主体到主导者的改革,形成了良好的育人机制和环境。我校把校园文化的外在目标内化为师生员工的自我要求,营造了一个和谐宽松的精神文化环境,连续四次被评为省级文明单位。

　　2. 以学术文化为主导,丰富二级学院文化建设的内涵。学术文化是二级学院文化建设的重要内涵支撑。学校以举办两院院士、著名专家学者高层次学术报告为载体,各二级学院以"导论""导研""导读""导做""导师"的新"五导"机制为载体,共同培育浓厚的学术文化氛围,并逐步形成了一些品牌,也实现了新的突破,如建立"导论"机制,创设了硕博论坛、博雅论坛等各二级学院专业论坛品牌。建立"导研"机制,充分发挥导师优势,指导学生学业、科研,去年我校考研上线率30％以上。建立"导做"机制,以教学实践为主,以社会实践为辅,着力提高学生的实际操作能力和社会适应能力,如生命科学学院的"生命之光"专业成才活动、信息工程学院的电脑节、人文学院的百篇文;2006年我校学生获全国大学生数学建模竞赛一等奖1队、二等奖2队。

　　3. 以阵地文化为重点,提高二级学院文化建设的品位。阵地文化是二级学院文化建设的基础和保障,各二级学院积极创造条件,开展红色文化、社团文化和公寓文化建设。一是以红色文化培养大学生爱国思想、民族精神和高尚的道德情操、职业操守。二级学院开展"红五月"系列活动等,在党团建设中弘扬红色文化主旋律,我校"先锋网"被评为2006年度省高校优秀教育网站,信息工程学院的"党员之家"被评为2006年度省高校第三批示范性"党员之家",中央电视台曾报道我校护士生、南丁格尔奖获得者邹瑞芳。二是以社团文化培养大学生的实践能力和创新精神。这几年,我校共建设了9个省级优秀社团,其中理学院的吾爱社建立了我省高校首个大学生义工站,主要成员为国家、省政府奖学金获得者和吾爱社成员近千人,他们利用业余时间参加各种公益服务活动回报社会;远方诗社在省高校"同一首诗"诗歌朗诵赛的朗诵和原创作品评比中双双获得一等奖。三是以公寓文化培养大学生的集体观念和团队精神。生命科学学院的绿色寝室、艺术学院的尚美寝室评比都充分体现了专业特色。

4. 以环境文化为标识,打造二级学院文化建设的亮点。环境文化建设是二级学院文化建设最直观的表现因素。我校注重以校园环境体现校园精神。各二级学院充分利用教学实验场所、办公场所、门厅、走廊、庭院等空间,营造文化气息浓郁的学院内部环境,如生命科学学院的蝴蝶标本廊。同时,学校还根据几个二级学院的专业特点来营造其外部环境,如以"湖学"创始人、宋代教育家胡瑗命名的文化广场就与教育科学与技术学院比邻;赵紫宸、赵萝蕤父女在教育界、文学界、宗教界有建树,他们的纪念馆就建在人文学院、法商学院附近;由我校美术教师设计的星河广场与艺术学院只一水之隔。我校营造的二级学院内外部文化环境,不仅诠释了学校的文化内涵和品位,而且起到了外塑形象、内聚力量的作用。

三、二级学院文化建设的成效及经验

校园文化表现的是一所学校的价值取向和校风校貌,是具有强大引导功能的教育资源。我校二级学院文化建设理念新、体系全、投入大,经过近三年的建设,文化共识深入人心,制度框架已经形成,社会影响逐步扩大。

1. 文化共识深入人心。我校分别以领导、教职工、学生作为校园文化建设的倡导者、主导者和主体,来加强二级学院文化建设的引导、管理和建设。全校师生员工通过丰富多样的文化活动,在共建共享中形成文化共识,文化环境更加优美,学术氛围更加浓厚,阵地建设更加完善,培育形成了师生公认的核心价值观,并已经内化、外化在师生的思想和行动中,学校连续获得省高校思想政治工作创新单位和省高校文化创新奖。

2. 制度框架初步形成。我校参照二级学院管理体制建立了二级文化管理机制,创建了二级学院文化模式。一是建立二级学院文化建设检查评估制度,学校连续两年开展二级学院文化建设评比工作,激励二级学院文化创新。二是建立二级学院文化建设保障制度,成立由二级学院党政主要领导任组长的学院文化建设领导小组,统一领导和指导本学院

校园文化建设；把二级学院文化建设经费纳入学院预算，在人、财、物等方面加大投入，确保各项工作顺利进行。

3. 社会影响逐步扩大。我校的二级学院文化模式一开始就受到了媒体和兄弟院校的关注。《二级学院文化建设实施意见》被《高教领导参考》2005 年第 18 期全文重点推荐，《崇尚人文精神 建设和谐校园》一文获 2006 年度省高校思想政治教育研究会优秀论文二等奖，《中国教育报》《教育信息报》《高校思想政治工作》、浙江德育网、《湖州日报》等媒体对我校的校园文化建设经验和成效作了重点报道，省内外多所高校曾来校考察交流二级学院文化建设。

在探索和实践中，我校坚持走文化创新之路，二级学院文化建设积累了丰硕的成果。

1. 机制创新契合二级管理。这几年，高校办学规模不断扩大，二级管理体制也日趋成熟。但在校园文化建设上，一些高校由于没有形成一套合理的管理制度来统筹协调，出现了文化活动缺乏组织性、文化资源缺乏共享性等问题。实行二级学院文化建设，这一文化机制不仅契合高校的二级管理体制，而且可以让高校在文化管理中推进管理文化的发展。

我校实行的二级管理体制给了二级学院更多的自主权。在保障机制上，学校把二级学院文化建设经费纳入二级学院预算，让各二级学院在人、财、物等方面加大投入，确保文化工作顺利进行。2005 年，仅学校就投入 20 万元，各学院再配套经费，用于二级学院环境文化建设。

2. 运行模式强调双向互动。整个校园文化与二级学院文化之间，是引导与被引导、包容与被包容的关系。我们提倡校园文化的二级管理，更强调在两级建设过程中学校和二级学院的文化互动。在二级学院文化建设的推动下，我校加大了校园文化建设力度，这几年，我校投入近 400 万元，建成了胡瑗文化广场、思源广场、沈行楹联艺术馆、两赵父女纪念馆、校史陈列馆等，这些目前已经成为我校重要的校园文化场馆和大学生爱国爱校教育基地。

在推进学校和二级学院文化互动的过程中，我校还注重推进二级学院与地方文化的良性互动。通过推进百名专家教授进湖州，开展艺术、卫生下乡活动，开放校内文化场馆等，充分发挥校园文化的辐射功能，进一步融入湖州地方文化建设，推进湖州文化大市建设。在走出去的同时，又把地方文化名人请到校园里来，创设了"地方经济文化论坛"，开展了"苕溪风"——吴兴画院书画作品展、"魅力湖州"摄影作品展等，使得校园文化在地方文化的浓厚土壤里茁壮成长。

3. 文化成果重在共建共享。我校推行二级学院文化建设后，各类文化活动主要由二级学院根据专业特点和师生兴趣爱好来组织，减少了中间的管理环节，拉近了文化活动与文化主体之间的距离。从我们的实践来看，各二级学院的文化活动内容更有针对性，参与师生员工更有积极性，他们对文化建设的主动性和创造性也更能发挥出来。

师生员工在文化共建中共创文化成果，同时又共享这一文化成果，特别是以"三馆"为主的一批校园文化精品工程，正积极发挥着文化育人功能。赵紫宸、赵萝蕤父女纪念馆注重弘扬先辈的爱国情操和民族精神，是我校的爱国主义教育基地；校史陈列馆展示学校发展历程，凝练、传承院院精神，是我校的爱校教育基地；沈行楗联艺术馆收藏了徐悲鸿、傅抱石、吴作人、谢稚柳等一大批大师和名家的珍品，是我校的人文素质教育基地。"三馆"陆续建成一年多来，接待参观者10000多人次，育人功能和文化效应已日益显现。

文化可载于物、可显于形、可聚于气、可蕴于神，文化影响是不可替代的教育。我校的二级学院文化建设在理念上的创新激发了校园文化的潜力，在机制上的创新激发了二级学院文化蕴藏的活力，在方法上的创新激发了文化主体的创造力，形成了师生员工在共建中共享、在共享中共建的和谐局面。

我校二级学院文化建设着力推进的时间不长，但已见成效。对下一阶段二级学院文化建设，我们仍将做出不懈的努力。一是我校从师范教育向综合性高校转型，校园文化既要继续弘扬重人文素质教育的传统，又要十分重视人文素质教育和科学精神并重，着力培育创新文化；二是把丰富二级学院文化活动与打造二级学院文化精品有机结合起来，在丰富中提升，在提升中丰富，着力倡导二级学院文化应紧密结合人才培养规格、学科专业特点，凝练特色，打造品牌。在强调二级学院文化个性的同时，我们将以校园文化的整体视野，构建"和而不同"的文化格局，形成多科性院校的文化生态效应，努力构筑全校师生员工公认的核心价值体系，共建和谐校园，共享精神家园。

参考文献

［1］北京师范大学哲学与社会学学院. 我的北师大情怀:献给建校 110 周年［M］.北京:同心出版社,2012.

［2］陈春花,杨忠,曹洲涛,等. 组织行为学［M］. 3 版. 北京:机械工业出版社,2016.

［3］陈春花. 企业文化塑造［M］. 北京:机械工业出版社,2016.

［4］东南大学建筑学院教师访谈录编写组.东南大学建筑学院教师访谈录［M］. 北京:中国建筑工业出版社,2017.

［5］高平叔.蔡元培教育论集［M］. 长沙:湖南教育出版社,1987.

［6］郭永进.《道德经》妙解［M］. 北京:世界知识出版社,2017.

［7］梁漱溟. 中国文化要义［M］. 2 版. 上海:上海人民出版社,2011.

［8］梁漱溟. 东西文化及其哲学［M］. 北京:商务印书馆,2010.

［9］林建华. 校长观点:大学的改革与未来［M］. 上海:东方出版中心,2018.

［10］刘述礼,黄延复.梅贻琦教育论著选［M］. 北京:人民教育出版社,1999.

［11］潘懋元. 高等教育:历史、现实与未来［M］. 北京:人民教育出版社,2004.

［12］钱颖一. 大学的改革:第一卷［M］. 北京:中信出版社,2017.

［13］钱颖一. 大学的改革:第二卷［M］. 北京:中信出版社,2017.

［14］清华大学航天航空学院编辑组.不忘初心 传承创新:清华大学航空工程系建系八十周年暨工程力学系建系六十周年庆贺文集［M］. 北京:中国财富出版社,2018.

［15］申作青. 当代大学文化论［M］. 杭州:浙江大学出版社,2006.

［16］王海明. 人性论［M］. 北京:商务印书馆,2005.

［17］王冀生. 大学文化哲学:大学文化既是一种存在更是一种信仰［M］. 广州:中

山大学出版社,2012.

[18] 王建华. 高等教育的持续变革[M]. 南京:南京师范大学出版社,2019.

[19] 王连森. 大学发展的经济分析:以资源和产权为中心[M]. 北京:高等教育出版社,2013.

[20] 王连森. 大学发展的逻辑:管理学视野[M]. 青岛:中国海洋大学出版社,2015.

[21] 魏新利. 理念 思想 方法 效果:高校院系管理杂感[M]. 北京:化学工业出版社,2017.

[22] 徐葆耕. 清华精神生态史[M]. 北京:中国水利水电出版社,2011.

[23] 阎光才. 识读大学:组织文化的视角[M]. 北京:教育科学出版社,2002.

[24] 阎康年,姚立澄.国外著名科研院所的历史经验和借鉴研究[M]. 北京:科学出版社,2012.

[25] 衣俊卿. 文化哲学十五讲[M]. 北京:北京大学出版社,2004.

[26] 张楚廷. 高等教育哲学[M]. 长沙:湖南教育出版社,2004.

[27] 张楚廷. 张楚廷教育文集:第 5 卷[M]. 长沙:湖南教育出版社,2007.

[28] 张楚廷. 高等教育哲学通论[M]. 北京:高等教育出版社,2010.

[29] 张楚廷. 人论[M]. 重庆:西南师范大学出版社,2015.

[30] 张楚廷. 院校论[M]. 重庆:西南师范大学出版社,2015.

[31] 张楚廷. 改革路上:张楚廷口述史[M]. 武汉:华中科技大学出版社,2019.

[32] 张全新. "'是''在'"'诚''成'"的哲学:交汇点上的塑造论哲学[M]. 济南:山东人民出版社,2013.

[33] 赵颂平,王震. 甲子峥嵘 弦歌而行——浙江大学信息与电子工程学院 60 周年院史文集[M]. 杭州:浙江大学出版社,2017.

[34] 赵卫平,张彬. 浙江大学教育学院院史[M]. 修订版. 杭州:浙江大学出版社,2019.

[35] 赵旭东. 文化的表达:人类学的视野[M]. 北京:中国人民大学出版社,2009.

[36] 郑祖康. 管理管理学院[M]. 上海:复旦大学出版社,2007.

[37] 中共中央党史和文献研究院,中央"不忘初心、牢记使命"主题教育领导小组办公室. 习近平关于"不忘初心、牢记使命"论述摘编[M]. 北京:中央文献出版社、党建读物出版社,2019.

[38] 北京大学经济学院. 百年华章:北京大学经济学院(系)100 周年纪念文集[C]. 北京:北京大学出版社,2012.

[39] 北京师范大学哲学与社会学学院. 我的北师大情怀:献给建校 110 周年[C].
    北京:同心出版社,2012.

[40] 甘阳,陈来,苏力. 中国大学的人文教育[C]. 北京:生活·读书·新知三联书
    店,2006.

[41] 李咏梅. 百载传承 十年臻工(北大工学 2005－2015)[C]. 北京:人民日报出
    版社,2015.

[42] 潘懋元. 多学科观点的高等教育研究[C]. 上海:上海教育出版社,2001.

[43] 宋昆. 天津大学建筑学院院史[C]. 天津:天津大学出版社,2008.

[44] 王一川. 百年艺苑:北京大学艺术学科 100 周年暨艺术学院建院(系)20 周年
    纪念文集[C]. 北京:中国文联出版社,2017.

[45] 知识实验室. 我在北大当教授:20 位北大学者访谈故事集[C]. 上海:东方出
    版中心,2018.

[46] 〔美〕A. 马塞勒,等. 文化与自我——东西方人的透视[M]. 任鹰,等,译. 杭
    州:浙江人民出版社,1988.

[47] 〔美〕爱德华·霍尔. 超越文化[M]. 何道宽,译. 北京:北京大学出版社,2010.

[48] 〔英〕爱德华·泰勒. 原始文化[M]. 连树声,译. 上海:上海文艺出版社,1992.

[49] 〔美〕埃德加·沙因. 组织文化与领导力:第 4 版[M]. 章凯,罗文豪,朱超威,
    等,译. 北京:中国人民大学出版社,2014.

[50] 〔美〕伯顿·R. 克拉克. 高等教育系统——学术组织的跨国研究[M]. 王承
    绪,等,译.杭州:杭州大学出版社,1994.

[51] 〔德〕恩斯特·卡西尔. 人论:人类文化哲学导引[M]. 甘阳,译. 上海:上海译
    文出版社,2013.

[52] 〔美〕赫伯特·A. 西蒙. 管理行为[M]. 詹正茂,译. 北京:机械工业出版社,
    2013.

[53] 〔美〕杰弗里·A. 迈尔斯. 管理与组织研究必读的 40 个理论[M]. 徐世勇,
    等,译. 北京:北京大学出版社,2017.

[54] 〔美〕杰里·D. 穆尔. 人类学家的文化见解[M]. 欧阳敏,邹乔,王晶晶,译. 北
    京:商务印书馆,2009.

[55] 〔德〕卡尔·雅斯贝尔斯. 教育是什么[M]. 邹进,译. 北京:生活·读书·新
    知三联书店,1991.

[56] 〔美〕莱斯利·A. 怀特. 文化科学——人和文明的研究[M]. 曹锦清,等,译.
    杭州:浙江人民出版社,1988.

[57] 〔美〕鲁思·本尼迪克特. 文化模式[M]. 张燕,等,译. 杭州:浙江人民出版社,1987.

[58] 〔美〕罗伯特·波恩鲍姆. 学术领导力[M]. 周作宇,等,译. 北京:北京师范大学出版社,2008.

[59] 〔美〕罗伯特·G. 欧文斯. 教育组织行为学:第7版[M]. 窦卫霖,温建平,王越,译. 上海:华东师范大学出版社,2001.

[60] 〔美〕罗伯特·M. 赫钦斯. 美国高等教育[M]. 汪利兵,译. 杭州:浙江教育出版社,2001.

[61] 〔美〕塞缪尔·亨廷顿,劳伦斯·哈里森. 文化的重要作用[M]. 程克雄,译. 北京:新华出版社,2002.

[62] 〔美〕特伦斯·迪尔,艾伦·肯尼迪. 企业文化——企业生活中的礼仪与仪式[M]. 李原,孙健敏,译. 北京:中国人民大学出版社,2008.

[63] 〔美〕特伦斯·迪尔,艾伦·肯尼迪. 新企业文化:重获工作场所的活力[M]. 孙健敏,黄小勇,李原,译. 北京:中国人民大学出版社,2008.

[64] 〔美〕威廉·巴雷特. 非理性的人[M]. 段德智,译. 上海:上海译文出版社,2012.

[65] 〔古希腊〕亚里士多德. 形而上学[M]. 吴寿彭,译. 北京:商务印书馆,1959.

[66] 〔英〕约翰·亨利·纽曼. 大学的理想[M]. 徐辉,顾建新,何曙荣,译. 杭州:浙江教育出版社,2001.

[67] 卞亚琴,岳奎. 高校院系文化的内容体系和特征探析[J]. 高等函授学报(哲学社会科学版),2009(12):66-68.

[68] 别敦荣. "双一流"建设与大学战略[J]. 江苏高教,2019(7):1-7.

[69] 别敦荣. 大学组织文化的内涵与建设路径[J]. 现代教育管理,2020(1):1-7.

[70] 陈敏,毕建权,王苑. 组织文化视角下的综合性大学院系文化及其建设初探[J]. 高教论坛,2010(11):121-123,129.

[71] 陈文俊,李晓敏. 大学文化之学院文化建设浅析[J]. 中南林业科技大学学报(社会科学版),2010(6):110-113,117.

[72] 董兴. 大学二级学院文化建设的研究与实践——以云南民族大学职业技术学院学院文化建设为例[J]. 中国高教研究,2007(5):70-71.

[73] 费彦峰. 二级学院特色文化与大学整体文化建设的互动研究[J]. 湖北经济学院学报(人文社会科学版),2013(7):140-141.

[74] 冯云霞,葛建华. 组织文化的象征化过程研究——基于组织身份构建与认同

的视角[J]. 暨南学报(哲学社会科学版),2010(5):48-55,162.

[75] 高平平. 论高校的学院文化建设[J]. 同济大学学报(社会科学版),2001(4):
94-99.

[76] 宫国军,罗力莎. 大学院系文化对学生信仰的影响途径[J]. 人民论坛,2016(9
上):206-207.

[77] 郭长春. 高职院校系部文化建设探析——以山西经贸职业学院财会系为例
[J]. 山西经济管理干部学院学报,2014(1):94-97.

[78] 韩延明. 强化大学文化育人功能[J]. 教育研究,2009(4):89-93.

[79] 何淳宽. 基于学术属性的现代大学组织结构[J]. 清华大学教育研究,2010
(2):77-83.

[80] 季诚钧,肖美良. 中外学校组织文化研究之比较[J]. 教育研究,2006(3):83-
87.

[81] 纪晓鹏,樊耘,刘人境. 组织文化演变驱动力的实证研究[J]. 南开管理评论,
2011(4):50-58.

[82] 孔宪福,王静. 组织文化及其效能的心理学研究[J]. 西北师大学报(社会科学
版),2010(5):90-95.

[83] 李海,张德. 组织文化与组织有效性研究综述[J]. 外国经济与管理,2005(3):
2-11,26.

[84] 李红,沈迪,陈皇,等. 社会主义和谐校园中的学院组织文化研究[J]. 湖南省
社会主义学院学报,2013(3):58-61.

[85] 李应军. 高校院系文化建设管见[J]. 内蒙古师范大学学报(教育科学版),
2014(3):24-26.

[86] 梁叔全. 基于创新人才培养目标导向的理工类学院文化多维建构策略——以
中南大学材料科学与工程学院为例[J]. 现代大学教育,2019(6):100-108.

[87] 刘六生,王飞. 文化引领:大学职能的回归与进路[J]. 中国高等教育,2010
(5):28-30.

[88] 刘潇潇,陈省平,满意,等. 学院文化及其管理属性与文化属性[J]. 中国高等
医学教育,2013(4):35-36,95.

[89] 马俊. 构建特色院系文化的实践与思考[J]. 青年与社会,2013(14):86-87.

[90] 毛洪涛. 论学院文化建设[J]. 职业,2007(26):30-31.

[91] 孟方. 高校教学院系文化建设的思考与实践[J]. 宿州学院学报,2008(6):
131-133,44.

[92] 欧阳文锋. 高等学校二级学院文化建设探索与实践——以河南理工大学材料科学与工程学院为例[J]. 河南理工大学学报(社会科学版),2014(2):245-248.

[93] 史文博. 高校二级学院文化建设浅析[J]. 教育教学论坛,2012(12):107-108.

[94] 施晓光. 文化重塑:大学治理能力现代化之锥[J]. 探索与争鸣,2015(7):54-56.

[95] 眭依凡. 关于大学文化建设的理性思考[J]. 清华大学教育研究,2004(1):11-17.

[96] 眭依凡,俞婷婕,李鹏虎. 大学文化思想研究——基于改革开放30多年大学文化发展的线路[J]. 北京大学教育评论,2016(1):142-168,192.

[97] 孙晶晶,杨勇. 关于高职院校二级管理模式加强院系文化建设的思考[J]. 统计与管理,2013(6):105-106.

[98] 唐辉宇. 浅谈大学系部文化建设的认识与实践[J]. 劳动保障世界,2013(24):162-163.

[99] 王春蕾,吴卫星. 论高校基层党建与学院文化建设的整合模式[J]. 北京教育(高教版),2014(7):71-73.

[100] 王国荣,汪盛科. 试论学院文化和学院的文化管理[J]. 宁波大学学报(教育科学版),2006(1):39-42.

[101] 王燕. 西南联大外文系的文化精神——外文系与联大诗人群[J]. 廊坊师范学院学报,2004(1):81-85.

[102] 王燕,马俊江. 再论西南联大外文系的文化精神——外文系与中文系[J]. 廊坊师范学院学报,2005(1):47-49.

[103] 邬大光. 教学文化:大学教师发展的根基[J]. 中国高等教育,2013(8):34-36.

[104] 邬大光. 什么是"好"大学[J]. 北京大学教育评论,2018(4):169-182.

[105] 邬大光. 剑桥之旅:追寻大学的精神与文化[J]. 复旦教育论坛,2019(1):105-112.

[106] 邢凯岭. 高职院校系部文化建设的思考——以常州轻院旅游系为例[J]. 教育教学论坛,2012(11):143-145.

[107] 徐力. 高等教育系统——学术组织文化浅析[J]. 浙江大学学报(人文社会科学版),2001(3):124-130.

[108] 许伟通,王金宝. 论高校二级学院文化建设[J]. 浙江工业大学学报(社会科

学版),2011(3):308-313.

[109] 杨嘉辉,童家飞. 关于高校二级学院文化建设的路径思考[J]. 文化学刊,
2018(1):95-98.

[110] 杨寓哲,郭建如. 组织文化对院系科研秘书的激励作用分析——以某"985"
综合性大学为例[J]. 高校教育管理,2013(4):64-71,83.

[111] 余利川,段鑫星. 大学学院治理研究的本土化认知与反思[J]. 黑龙江高教研
究,2018(10):70-74.

[112] 袁贵仁. 加强大学文化研究推进大学文化建设[J]. 中国大学教学,2002
(10):5-6.

[113] 张楚廷. 论学校观念[J]. 云梦学刊,1997(1):45-47.

[114] 张楚廷. 心力及其教育学意义[J]. 高等师范教育研究,1997(3):12-17.

[115] 张楚廷. 品味大学品位[J]. 河北科技大学学报(社会科学版),2001(2):4-9.

[116] 张楚廷. 大学理念的论理[J]. 大学教育科学,2005(1):94-96.

[117] 张楚廷. 规划与信仰[J]. 高等教育研究,2006(7):32-35.

[118] 张楚廷. 不同的大学治理方式[J]. 大学教育科学,2010(1):109-112.

[119] 张楚廷. 大学的文化自觉初论[J]. 现代大学教育,2010(3):19-23.

[120] 张楚廷. 学校管理的几个观念[J]. 现代大学教育,2011(6):16-18.

[121] 张楚廷. 论文化立校[J]. 大学教育科学,2012(2):107-111.

[122] 张楚廷. 大学文化与传统[J]. 高等教育研究,2012(6):1-5.

[123] 张楚廷. 大学八特征[J]. 大学教育科学,2013(4):124-127.

[124] 张楚廷. 学校管理的特殊性[J]. 大学教育科学,2014(4):119-127.

[125] 张楚廷. 教育、哲学与人[J]. 当代教育论坛,2018(6):114-120.

[126] 张德,王玉芹. 组织文化类型与组织绩效关系研究[J]. 科学学与科学技术管
理,2007(7):146-151.

[127] 张容榕,刘灿,翟晓真. 知名高校院(系)组织文化建设研究综述[J]. 出国与
就业,2011(23):84-85.

[128] 张文元. 高校二级管理体制下二级学院文化建设探析[J]. 重庆科技学院学
报(社会科学版),2010(17):183-185.

[129] 张响珍,陈胜. 和谐背景下学院文化功能的构建与思考[J]. 中国电力教育,
2008(9 下):230-231.

[130] 张宗民,杨宏祥,李嘉鸣. 高职院校二级院系文化建设的实践与思考——以
杨凌职业技术学院经济与贸易学院为例[J]. 杨凌职业技术学院学报,2013

（3）:78-80.

[131] 赵红深. 以药学系的文化建设谈高职院校系部特色文化的打造与实践[J].湖南环境生物职业技术学院学报,2010(1):79-83.

[132] 赵骏. 试论高校校园文化建设中的院系文化建设[J]. 教育探索,2008(12):21-22.

[133] 赵晓珂,王林,张卫东. 高校二级学院文化建设的理论研究[J]. 中国石油大学学报(社会科学版),2011(6):105-109.

[134] 朱广亮. 教学软环境视域下的院系文化建设初探[J]. 中国教育技术装备,2012(27):47-49.

[135] 朱有明,王建平. 大学系文化的内涵与功能探析[J]. 长春工业大学学报(高教研究版),2004(2):23-25.

[136] 卞亚琴. 试论高校院系文化建设[D]. 武汉:华中师范大学,2008.

[137] 蔡旭东. 论北京体育大学管理学院文化建设[D]. 北京:北京体育大学,2006.

[138] 李博超. 人才培养视角下的学院文化建设研究——以江西师范大学国际教育学院为个案[D]. 南昌:江西师范大学,2012.

[139] 杨如安. 知识管理视角下的大学学院制改革研究[D]. 重庆:西南大学,2007.

[140] 郭英剑. 学院文化为何如此重要[N]. 中国科学报,2018-08-07(7).

[141] 俞强. 自然和文化,天化和人化:《文化生物学》序[N]. 中国科学报,2013-07-15(6).

[142] BECHER T. The Cultural View[M]//CLARK B R. Perspectives on Higher Education:Eight Disciplinary and Comparative Views. Berkeley:University of California Press,1984.

[143] BECHER T,TROWLER P. Academic Tribes and Territories:Intellectual Inquiry and the Culture of Disciplines[M]. London:Society for Research into Higher Education and Open University Press,2001.

[144] BERGQUIST W H,PAWLAK K. Engaging the Six Cultures of the Academy[M]. San Francisco:John Wiley&Sons, Inc.,2008.

[145] BIRNBAUM R. How Academic Leadership Works:Understanding Success and Failure in the College Presidency[M]. San Francisco:Jossey-Bass Publishers,1992.

[146] CHAFFEE E E, TIERNEY W G. Collegiate Culture and Leadership Strategies[M]. New York: Macmillan, 1988.

[147] CLARK B R. The Higher Education System: Academic Organization in Cross-National Perspective[M]. Berkeley: University of California Press, 1983.

[148] DEAL T E, KENNEDY A A. Corporate Cultures: The Rites and Rituals of Corporate Life[M]. Reading: Addison-Wesley Pub. Co., 1982.

[149] KENNEDY D. Academic Duty[M]. Cambridge: Harvard University Press, 1997.

[150] KERR C. Higher Education Cannot Escape History: Issues for the Twenty-first Century[M]. Albany: State University of New York Press, 1994.

[151] RINGER F. Fields of Knowledge: French Academic Culture in Comparative Perspective[M]. Cambridge: Cambridge University Press, 1992.

[152] SCHEIN E H. Organizational Culture and Leadership(3rd ed.)[M]. San Francisco: Jossey-Bass(John Wiley&Sons, Inc), 2004(1997, 1992).

[153] TROWLER P. Cultures and Change in Higher Education[M]. New York: Palgrave Macmillan, 2008.

[154] TYLOR E. Primitive Culture[M]. New York: Harter & Row, 1958 (1871).

[155] WHITE L A. The Science of Culture: A Study of Man and Civilization [M]. New York: Farrar, Straus and Giroux, 1969.